The Power of 稀缺策略

利用有限性提升价值

[美] 明迪·温斯坦（Mindy Weinstein）/ 著

刘翀 / 译

中信出版集团 | 北京

图书在版编目（CIP）数据

稀缺策略 /（美）明迪·温斯坦著；刘翀译. -- 北京：中信出版社，2023.7
书名原文：The Power of Scarcity: Leveraging Urgency and Demand to Influence Customer Decisions
ISBN 978-7-5217-5740-8

Ⅰ.①稀… Ⅱ.①明… ②刘… Ⅲ.①经济学—通俗读物 Ⅳ.① F0-49

中国国家版本馆 CIP 数据核字（2023）第 103883 号

Mindy Weinstein, PhD
The Power of Scarcity: Leveraging Urgency and Demand to Influence Customer Decisions
ISBN 978-1-264-27823-7
Copyright © 2023 by McGraw-Hill Education.

All Rights reserved. No part of this publication may be reproduced or transmitted in any form or by any means, electronic or mechanical, including without limitation photocopying, recording, taping, or any database, information or retrieval system, without the prior written permission of the publisher. This authorized Chinese translation edition is published by CITIC Press Corporation in arrangement with McGraw-Hill Education (Singapore) Pte. Ltd. This edition is authorized for sale in the People's Republic of China only, excluding Hong Kong, Macao SAR and Taiwan.
Translation Copyright © 2023 by McGraw-Hill Education (Singapore) Pte. Ltd and CITIC Press Corporation.

版权所有。未经出版人事先书面许可，对本出版物的任何部分不得以任何方式或途径复制传播，包括但不限于复印、录制、录音，或通过任何数据库、信息或可检索的系统。
此中文简体翻译版本经授权仅限在中华人民共和国境内
（不包括香港特别行政区、澳门特别行政区和台湾）销售。
翻译版权 © 2023 由麦格劳-希尔教育（新加坡）有限公司与中信出版集团所有。
本书封面贴有 McGraw-Hill Education 公司防伪标签，无标签者不得销售。

稀缺策略
著者：　　［美］明迪·温斯坦
译者：　　刘翀
出版发行：中信出版集团股份有限公司
　　　　　（北京市朝阳区东三环北路 27 号嘉铭中心　邮编　100020）
承印者：　宝蕾元仁浩（天津）印刷有限公司

开本：880mm×1230mm　1/32　　印张：8.25　　字数：163 千字
版次：2023 年 7 月第 1 版　　　　印次：2023 年 7 月第 1 次印刷
京权图字：01-2023-3097　　　　　书号：ISBN 978-7-5217-5740-8
　　　　　　　　　　　　　　　　定价：59.00 元

版权所有·侵权必究
如有印刷、装订问题，本公司负责调换。
服务热线：400-600-8099
投稿邮箱：author@citicpub.com

稀缺是一种惊人的力量，
用好它。

目录

前言 / V

第一部分
稀缺是什么 / 001

第一章
稀缺是种影响力 / 003
稀缺意识始于孩童时期 / 008
稀缺对大脑的影响 / 016
稀缺背后的动机 / 020
本章要点 / 023

第二章
得不到的诱惑 / 025
我们对稀缺做出的反应 / 028
本章要点 / 046

第三章
给大脑一点喘息之机 / 047
"稀缺等于价值"的思维 / 051
本章要点 / 069

第四章
错失恐惧症:相比得到,为什么我们更害怕失去? /071
相比于得到,人更害怕失去 /072
买还是不买? /081
本章要点 /089

第五章
稀缺也会失灵 /091
人为制造的稀缺有什么问题? /093
难掩的意图 /095
明显的销售技巧与真正的稀缺 /102
客户的年龄 /111
本章要点 /115

第二部分
稀缺策略应用 /117

第六章
"时间不多啦!" /119
通过时间限制创造稀缺 /121
在紧迫的时间下 /122
不必形成竞争局面 /124
限时活动可以有多种形式 /124
本章要点 /141

第七章
你与别人不一样 /143
满足人们对独特性的需求 /148
供应限制的运用 /152
本章要点 /166

第八章

"数量有限,售完即止!" / 167

手表,意大利海军与史泰龙 / 171

自我表达的追求 / 174

炫耀性商品的消费 / 175

限量版的类型 / 177

限量版商品与热门活动的配套 / 185

本章要点 / 187

第九章

专属路线还是大众化路线? / 189

有限的供应与广泛的需求 / 194

不要脱离群体 / 195

大家都在这么干 / 196

简直卖爆了,拦都拦不住! / 199

避免欺客 / 203

由需求所致的稀缺 / 204

本章要点 / 210

第十章

接下来从哪儿做起? / 211

稀缺影响我们每一个人,且影响至深 / 213

打造忠诚度,培育社群,深化关系 / 215

稀缺类型一览 / 217

致谢 / 219

注释 / 221

前言

　　如果我说 2017 年的那一天一切都变了，听起来会不会有些夸张？那日又是菲尼克斯一个 43 摄氏度的高温天，讲真的，人行道上热得都可以煎蛋了。可在那个早上，这样的炙热丝毫没有影响我的心情，因为我约见了知名的社会心理学家罗伯特·西奥迪尼（Robert Cialdini）博士。此前西奥迪尼博士曾欣然答应与我当面探讨一个学术问题，没想到后来聊到的内容远超计划中的范畴。一杯咖啡的工夫，我们谈到了说服力及其强大的心理作用，谈到了哪些微妙的措辞方式能够让一条信息具有更大的影响力，甚至谈到了"错失恐惧症"（担心错失某事的心理，简称 FOMO）以及它对人的思维的干扰。

　　那一个小时的对话开启了我对稀缺为期三年的研究、实验与认知。

稀缺会导致人们陷入狭隘的视野，这算不上什么秘密。那些没能得到、没有得到过的东西让人备受煎熬——这也是市场营销人员常常会把稀缺信息融入营销手段的原因之一。

但稀缺的内涵远不只是单纯的供需关系那么简单。并不是我们认为什么东西变少了，就一定更想得到什么。在稀缺面前，人们会采取行动还是掉头走开，其中牵涉到很多方面的复杂因素，而它们都有可能左右人们的决定。

换言之，稀缺并不是可以召之即来、来之即用的手段，用不好会适得其反。我们来看两个有关稀缺的实例吧，它们一个发生在近几年，一个已经发生有些年头了。

新冠肺炎大流行与卫生纸的抢购潮

随着新冠病毒在全球范围内迅速蔓延，美国消费者开始囤积卫生纸，商店的库存被一扫而光。空空如也的货架并不鲜见，而零售商们为把这个热门商品补上货架也费尽了周折。

人们为了拿到卫生纸开始陷入疯魔，因为疯魔正是稀缺的一个典型副作用。卫生纸的库存越少，人们就越痴迷于得到它。再后来，人们几乎不可能在当地的商店找到一卷卫生纸，而这些商店也无法从它们的批发商那里拿到足够的货源（尽管厂商依然是以常规的供货量向这些批发商供货），原因在于需求暴涨了。商店里消费者之间开始爆发冲突，有些甚至严重到需要警察介入的程度。

突如其来的卫生纸危机令经济学家与研究人员困惑不已——这个问题不只发生在美国，而是席卷了全球。澳大利亚的一间咖啡馆开始接受以卫生纸作为一种支付方式。你想要的那杯咖啡多少钱？3卷卫生纸。中国香港的几名持械男子袭击了当地的一家超市，除了600卷卫生纸，并没有拿走任何其他东西。

关于突然出现的卫生纸挤兑问题，最普遍的一种解释是，人们担心当他们需要用到卫生纸的时候，已经什么都买不到了。卫生纸在人们眼中成了一种稀缺资源，消费者竞相购之，一发不可收。

艾摩娃娃

24年前，一种并不常见的短缺现象发生在了一款会说话的《芝麻街》[①]角色玩偶身上。

网络上关于艾摩（Elmo）的传闻吵得沸沸扬扬，有的说玩具店的收银台被前来购买艾摩娃娃的狂热人群挤爆

[①] 《芝麻街》是美国公共广播协会（PBS）制作的儿童教育电视节目，于1969年首播，播出50余年来获得了近200项艾美奖。节目运用木偶、动画、真人表演等各种表现手法向儿童传授知识。——编者注

了，有的说有人以 7000 美元一个的高价倒卖艾摩娃娃。报纸的分类专栏中满是以 1000 美元求购艾摩娃娃的广告。这个零售价为 29.99 美元的玩偶成为自 1983 年的椰菜娃娃（Cabbage Patch Doll）出现以来最难求得的节日玩具，甚至连黑手党也来凑这场热闹。

——《纽约时报》，1996[1]

如果在 20 世纪 90 年代中期，你还是一个小孩、一名家长或是一位祖父母，你大概会对当时席卷美国的艾摩娃娃热有些印象。这个 16 英寸（约 40 厘米）高、一捏肚子就会大笑着说"太痒啦！"的《芝麻街》玩偶把 1996 年的圣诞季搅得天翻地覆。艾摩娃娃的制造商太空玩具公司（Tyco Toys Inc.）预计这款玩具在圣诞期间会有不错的表现，可它绝对没有意料到接下来发生的事。

艾摩娃娃登上了罗茜·奥唐奈（Rosie O'Donnell）的电视节目，随着节假日的临近，它也出现在了电视广告中。感恩节过后仅仅一天，80 万个艾摩娃娃在数小时内被抢购一空，而这是太空玩具公司的全部库存。接下来发生了什么呢？新闻报道了艾摩娃娃断货的消息，而这一举动进一步刺激了需求的增长，人们随即陷入了疯狂。家长们为给自己的孩子求得这款玩具陷入了难以自拔的执着。据《纽约时报》报道，有的家长甚至愿意出 7000 美元求购这个零售价为 29.99 美元的玩具。

尽管艾摩娃娃与卫生纸是两个非常不同的例子，但它们都有一个共同点——稀缺。产品与服务呈现出稀缺性的原因多种多样，并不一定单纯是经济活动中供需失衡的问题。限时供应、限量版、低供给、高需求，这些都是稀缺的形式，会导致一物难求的局面出现。具体来说，稀缺主要分为以下几类：

- **供应类稀缺** 该种稀缺形式的出现往往是因为供应不足，没有足量的产品可供人们获取，同时也经常反映在诸如此类的表述中："数量有限""售完即止"等。
- **限量版稀缺** 这是供应类稀缺的一种形式。限量版是基于有限的商品生产数量而来，通常是对原版商品进行轻微改动后的商品版本。
- **限时类稀缺** 此类稀缺源于某段指定时间内的产品促销、限量购买、限量供应等情形，是时间限制导致的稀缺。
- **需求类稀缺** 这种形式的稀缺指的是由产品的热销与需求的高涨所导致的短缺。换句话说，是人们的需求超过了产品的供应。需求类稀缺往往体现在这样的表述中："××件已售""仅剩××件""产品热销，即将售罄"等。

本书最后所附的"稀缺类型一览"中有对上述术语的定义，可供您快速参考。

自我们祖先生活的年代起，人类对稀缺资源的争夺就未曾停止，进入现代社会以来，这一点仍未改变。只不过现在我们所争夺的通常不是生存物资，而是那些不易获得的产品与服务。以 NFT[①] 为例。NFT 可以是图画、音乐、人工智能或任何其他东西。人们认可它的价值，是因为它天然地具有唯一性与稀缺性。而稀缺性推高了它的价值与人们愿意为之支付的价格，比如有一件 NFT 的售价就达到了 6900 万美元。[2]

显然，与诞生之日相比，人类现在并没有太多改变。

稀缺的力量

稀缺是一种不常被人谈起，但力量又异常强大的原则。运用得当的话，它能帮我们刺激销售、赢下谈判、促成人们行动、形成交流社区、建立客户忠诚度，并带来有趣刺激的体验。稀缺已经被定义为影响力的几大原则之一。在影响力的诸多原则之中，稀缺是最强有力的一种，因为它调动的是对于人类生存至关重要的原始本能。我们的祖先在缺衣少食的情况下要活下去。或许如今我们不需要像

[①] NFT 全称为 non-fungible token，指非同质化通证，是区块链记录的不可复制、替代或细分的唯一数字标识符，用于证明真实性和所有权（特定数字资产和与之相关的特定权利）。——译者注

祖先一样去猎捕与搜集稀缺资源，但这种本能却未曾消失过。当无法得到某个稀缺产品或服务时，我们依然能感受到失落与遗憾。于是那种需要行动起来的紧迫感便会汹涌而来。

这本书的内容是围绕稀缺这个概念展开的，但并非从经济学的角度来看待问题。诚然，稀缺是经济学中的核心要素，反映供需原理。稀缺也同样存在于心理学中，它是我们很多购买行为背后的原因。同时它也是企业增加销量并由此提升营收的催化剂。如果运用得宜，稀缺会对你公司产品与服务的使用者产生作用。

影响他人这件事对我来说一直具有极大的吸引力。我所说的影响他人并不是要摆布谁——稀缺的运用一定不能违反道德——而是那种能够让我更深刻地理解某些词或某些情形缘何会促使人们采取行动的原因。比如说，为什么有的人会在并不需要的情况下额外购买一台电视机、一台笔记本电脑、一部智能手机、一副太阳镜、一双鞋、一瓶酒或其他东西（你随便举例）？是因为它们在限时销售？是限量款？因为供应不足？还是因为大受欢迎致使需求高涨？

本书所关注的是稀缺背后人的心理，以及稀缺为何具有如此巨大的影响力。稀缺的出现，可能让人在几分钟、几小时、几天、几个月甚至几年的时间内百爪挠心、魂牵梦绕。从心理学的角度来说，稀缺常常会导致我们过分关注那件有可能无法得到的稀缺物，让我们经历所谓的"错失恐惧症"。

在我作为营销顾问与教育工作者的 20 年职业生涯中，我见证过稀缺发挥的作用，看到过它是如何促使人们购买了计划外的东西，让人在合同的虚线处签上名字时虽内心并不踏实，但仍然签下了合同。在我获得普通心理学的博士学位、顺利完成自己对稀缺的研究并继续相关课题的钻研以来，我发现这个强有力的影响因素与一些出人意料甚至有时令人警醒的细节有关。这些研究的成果主要发表在学术期刊上，并不容易触及主流大众，但我觉得有必要让每个人都有机会了解这些信息。无论对企业还是对消费者来说，了解稀缺缘何会促成购买、增加销量都具有重要意义。

我们需要了解稀缺的力量，是因为它左右着我们的决定，也左右着我们客户的决定。它是一种可以用来改变局面、诱导人们行动的作用力。不管你是营销员、销售员、企业主，还是线上卖家、学术研究人员或消费者，都会受到稀缺的影响。

本书在接下来的章节中将从多个角度来解读稀缺的力量。其中涉及大量的案例研究、科研发现，对麦当劳、哈里与戴维（Harry & David）、1-800-Flowers.com 等各种知名品牌的前任或现任高管的采访，以及对著名企业家、真人秀节目《创智赢家》（*Shark Tank*）的投资嘉宾、电视购物节目的发明人凯文·哈林顿（Kevin Harrington）的采访。此外，本书将许多客户（为保护客户的身份，书中皆用化名）的亲身经历与趣闻逸事穿插其中，来帮我们诠释与理解稀缺如何发挥作用，以及在什么样的时机下应当运用或避免使用稀缺。我虽不常承认，但即使是我这样一个经验丰富的营销人员、一个心理学博士，还是会着稀缺策略的道。

本书的第一部分《稀缺是什么》讲述的内容涵盖了稀缺的多种类型以及稀缺信息作用于大脑的方式，帮助你更加深刻地理解稀缺发挥作用的机制与方式。在本书的第二部分《稀缺策略应用》中，我们的内容更侧重战术层面的探讨，你会从中了解到如何对稀缺加以运用以及如何让它奏效。你可以将学到的技巧用于自己的商业活动与个人生活中。同时，你还能了解到什么时候适合动用稀缺，什么时候又当避免使用它。每一章都为你提供了一份可以将稀缺运用于不同情形的"要点"清单。

稀缺是一种惊人的力量，用好它。

此时不学，更待何时呢？让我们开始吧！

第一部分

稀缺是什么

第一章

稀缺是种影响力

餐盘刚刚被收走了。约翰紧张不已，他反复拨弄着藏在衣兜中的小盒子。就是现在吗？要说的几句话，他已经在脑中练习了一整天——这么说不会有问题吧？他深吸了一口气，起身将椅子向后一推，单膝跪将下来。缓缓地，他掏出那只丝绒小盒，凝神静气推开了盒盖：一枚 1.5 克拉的圆形钻石镶嵌在一只纤细的白金指环上，静静地躺在其中。在餐馆其他顾客的注视下，约翰问出了那句话："你愿意嫁给我吗？"

钻石恒久远，一颗永流传。

这是一句自 20 世纪 40 年代以来就一直印在人们脑海中的话，鲜有人问及它是否符合事实。可是这怎么可能呢？钻石并不是永恒的。它会碎裂，会有缺损，也会被烧得只剩灰烬。

然而我们却把钻石与财富、地位，尤其是爱情联系在一起。我们珍藏着它，把它世代相传。我们相信钻石是要陪伴一生的东西，甚至有人会戴着它一起长眠于地下。

我们对于钻石的这种观念其实源于一个精心构思的全球钻石销售策略。

1938 年，为了让自己的家族企业持续赢利，一个时年 29 岁的年轻人四处奔走了近 8000 英里①的路程。这个人叫哈里·奥本海默（Harry Oppenheimer）。

奥本海默是戴比尔斯公司（De Beers）董事长之子，他踏上的这段旅程永远改变了人们对钻石的观念，也让戴比尔斯在一个数百亿美元的行业中坐稳头把交椅。当时的戴比尔斯已经是全球最大的钻石制造商与销售商，但市场情况却威胁着公司的生存。

钻石价格的下跌给钻石市场带来了不稳定因素与不确定性。大萧条期间，钻石在欧洲市场的价格一落千丈，钻戒在德国、意大利、西班牙等许多欧洲国家并不是订婚戒指的标准选项。其他宝石类的戒指依然备受青睐，颇有市场。在美国，订婚戒指上需要有钻石的理念正在形成，但进展十分缓慢。令局面雪上加霜的是，美国市场上的钻石比销往欧洲市场的钻石个头更小、品质更差。而且一个人一旦给未婚妻送出一枚订婚戒指，再去购买一粒

---

① 1 英里 ≈ 1.61 千米。——编者注

钻石的可能性几乎为零。

戴比尔斯无法改变经济形势，但它可以想办法改变观念。《钻石帝国：戴比尔斯百年风云录》(*The Last Empire*)一书的作者斯蒂芬·坎弗（Stefan Kanfer）曾提出过一个强有力的观点："消费者不是天生的，而是创造出来的。"[1]

换句话说，人们对产品与品牌的价值感知才是将人转变为客户的关键。

戴比尔斯如果想管控好需求，进而管控好价格，就必须让人们对钻石的观念发生重大转变。在公众的眼中，钻石不能是一种可以或应该被转售的贵重石头，而应当成为一种象征着永恒的爱与承诺的东西。

说得再简单点，戴比尔斯需要采取一些措施来阻止利润下滑，否则一切就太晚了。

奥本海默背后的银行专家建议他与当时美国最大的一家广告代理公司 N. W. Ayer 联系，让该公司为其打造一个营销计划，改变消费者对钻石的观念，让他们愿意去购买更多、更大的钻石。N. W. Ayer 公司的杰拉尔德·劳克（Gerald Lauck）与奥本海默的这次碰面让钻石一跃成为浪漫的代名词。

奥本海默说服劳克，请 N. W. Ayer 公司制订一个计划，改善钻石在美国消费者眼中的形象。他向劳克保证戴比尔斯没有联系过任何其他广告代理公司，而且会为过程中的所有研究提供资金保障。就这样，N. W. Ayer 公司签下了这份合约。

经过广泛的调研，N. W. Ayer 公司得出一个结论，认为应当强化与巩固钻石和浪漫之间的关联。当时 90% 的订婚戒指都是由年轻人购买的，要想办法给他们灌输这样的理念：一份带钻石的礼物才是对永恒的爱最终极的表达方式。将钻石与浪漫画上等号成为这家广告公司给出的策划核心。经济形势恐难被左右，但消费者可以。

就在奥本海默与劳克初次见面的两年后，将一系列理念灌输给消费者的方法奏效了，美国的钻石销量增长了 55%。

到了 1947 年，即时隔 9 年之后，这家广告公司又孕育出了一项新的策划方案，重点走心理路线。此次的策略是进一步强化钻戒作为订婚戒指的传统，并且要把它定位为一种心理需求。目标群体是 7000 万 15 岁及以上、对钻石的观念还有可能会动摇的人。该方案中的某些部分极具冲击力。其中包括在美国范围内的高中围绕钻石订婚戒指开展的一系列讲座。N. W. Ayer 在一份给戴比尔斯的保密备忘录中说明："所有这些讲座围绕的都是钻石订婚戒指，在我们的各个主要教育机构中通过学校大会、课程以及非正式会议等方式传达到成千上万的女孩子中。"[2] 许许多多高中女生接触这些讲座后在脑中留下了一个深深的印象：钻石与订婚是密不可分的。

除此之外，这家广告公司在宣传活动的前几年还采用了一些其他策略去影响消费者，为钻石创造需求。

一年之后的 1948 年，N. W. Ayer 公司的一名广告文案人员想出了一句不朽的箴言："钻石恒久远，一颗永流传。"这句话被许多人视为 20 世纪最伟大的广告语之一。它不动声色地传达出钻石要被永远珍藏、不可被转卖的潜在信息。如果戴比尔斯还想保持一个稳定的钻石价格，就不能冒风险让过量的钻石在市场上流通，否则钻石属于稀缺物品的观念就将被打破。

1953 年，电影《绅士爱美人》(*Gentlemen Prefer Blondes*)上映。当玛丽莲·梦露与简·拉塞尔唱出"钻石是女孩最好的朋友"时，那个已经非常响亮又清晰的概念被进一步放大了。钻石的需求进一步增长。

这个故事与稀缺有什么关系呢？可以说其中的相关性体现在方方面面。

有限的供应与广大的需求都是致使稀缺出现的原因。如果一件东西的供应有限，也就是说没有足够可供人们获取的数量，稀缺就出现了。反之，如果需求旺盛，导致某个商品的库存量不足，稀缺同样会出现。在戴比尔斯的故事中，这家公司把这两种创造稀缺的途径都运用了起来。一方面，它通过其总部在南非的管控着钻石贸易各方面事务的集团公司限制住钻石的供应量，并通过"钻石恒久远，一颗永流传"的语境，潜移默化地把钻石不应被转售的潜台词灌输给了消费者。另一方面，在 N. W. Ayer 的帮助下，戴比尔斯把人们对钻石的需求也提升了起来。就这样，戴比尔斯得以通过人为制造的稀缺来控制钻石的价格。向来物以稀为贵。钻石是人们眼中的稀罕物，它的价值自然就居高不下。当然，稀缺不仅仅体现在钻石上，也存在于许多其他产品与行业中，同样会让我们做出反常的行为。我们再来讲另一个故事吧。

稀缺意识始于孩童时期

我的朋友特雷弗并不是一个喜欢早起的人，可是在一个寒冷的周六清晨，他还是带着 8 岁的儿子站在一家大型玩具连锁店外排起了长队。特雷弗手捧一杯热腾腾的咖啡，环视着人群中一个个用外套与毛毯把自己裹得严严实实的人，其中有的是萎靡困倦的家长，有的是大笑着兴奋难耐的孩子，还有的是时不时啜一口功能性饮料的年轻人。

特雷弗也想问自己为什么会愿意在天寒地冻中起个大早，跑出门去排长队。

然后他低头看了看自己笑盈盈的孩子，什么都想起来了。特雷弗的儿子想要一部极其抢手的任天堂 Switch 游戏机。这个小朋友听说这家店会在那天新到一批货，因此央求父亲给自己买一部。那是 2017 年发生的事，这款游戏机在到货上架后几分钟之内就被抢购一空。特雷弗并不相信游戏机真的缺货，他觉得这是一种人为制造的营销手段，但架不住儿子觉得哪怕去排队碰碰运气也是值得的。

事实上，任天堂 Switch 游戏机缺货是由于产品火爆导致的——在日本，Switch 游戏机的产量跟不上市场的需求，而一机难求的局面只会让人们更想得到它，由此进一步加剧了缺货的情况。任天堂的死忠粉不惜花数月的时间去弄到一部游戏机。亚马逊上的卖家纷纷加价出售。沃尔玛、塔吉特与连锁游戏销售商 Gamestop 的线上及线下店铺全都在拼命想办法满足购买需求。

尽管钻石与任天堂的 Switch 游戏机是两种完全不同的产品，目标客户也大不相同，但它们的故事中都贯穿着一个共同点：稀缺——虽然前者或许是人为因素导致的，而后者是由旺盛的需求所致。无论哪种原因，我们能知道的是，不管稀缺是否由人为制造，它的确能够影响人的行为。

即便是在很小的年纪，我们也会受到稀缺的影响。有一项针对儿童的稀缺相关实验对这种现象进行了研究。[3] 实验要求 32

名 6 岁的儿童在稀缺物品与非稀缺物品之间进行选择。孩子们在不得不做出决定的那一刻之前并不知道物品是否稀缺。实验中准备了一堆包装一模一样的东西与一件单独放置的东西（也进行了包装）供孩子们挑选。当孩子们被告知需要从这两者之间选一件东西时，这些 6 岁的孩子大多数都会选择单独放置的（稀缺的）那件物品。更有意思的是，如果孩子们感知到还有其他人会有同样的选择，就会更倾向于选择这件东西。在这个实验中，受试小孩可以在另外两名"竞争者"做出选择之前抢先挑选。这些孩子会抢在他们的竞争者有机会选择那件单独的（稀缺的）物品之前确保自己先拿到它。当一个孩子感觉到稀缺品有极大可能被其他小朋友拿走时，他选择这件物品的紧迫性会变得更强。

虽说这只是一个实验，但它却说明人对稀缺物的偏好在年龄很小的时候就开始形成了，并且在存在竞争的时候会变得更加强烈。它还说明，就算是在 6 岁这么年幼的时候，人们也懂得通过稀缺来感受独特。

我们都曾有过因为担心东西被卖光而进行购买的经历。或许供应不足，或许那件东西极受欢迎，不论背后是哪种原因，我们之所以购买是因为我们觉得非出手不可。不想错过——或许这才是种种购买行为背后我们从未意识到的原因。无论是出于竞争意识，还是为了彰显独特，我们会在不知不觉间想要得到一件东西，与实验中的孩子们并无二致。

稀缺的力量

稀缺是最能够影响人对某件事物的判断与偏好的元素之一，导致这种情况发生的因素有很多。不过宽泛一点来看，稀缺会导致我们觉得自己获得某物的自由受到了威胁，由此强化了我们想要获得此物的意愿。人是不愿意看到自己的选择能力被剥夺的，这是违反人性的。

稀缺与其他影响人类心理的原则一样，在很多情况下都对我们大有助益，比如在商业谈判、社交活动以及个人生活中都是如此，这些内容都会在后面的章节中进行探讨。毋庸置疑，当稀缺能够被合情合理、恰到好处地运用在营销信息中时，它发挥的作用不容小觑。如果在广告语中加入类似"即将售罄"这样传递出稀缺性的字眼，并且事实情况也是如此，人们的购买积极性会被调动起来。换言之，买东西也好，为慈善捐赠也好，打疫苗也好，购买服务也好，总而言之，稀缺会推动我们去行动。

纵观整个人类历史，人一直在为生存而竞争，在为长久地过上好生活而奋力争夺所需的资源。我们的祖先在不断经历饥一顿、饱一顿的岁月中不得不去应对资源的稀缺。

按照进化生物学与经济学的理论，竞争往往与资源的稀缺有关。我们如今看到的稀缺带来的影响是人类根深蒂固的本能与现代社会的挑战共同造成的结果。在遇到稀缺情况时，我们的神经系统会变得活跃起来，它能激起人的囤积欲，让人进入一种贪婪的状态。

在整个人类历史上,稀缺与权力也是紧密相关的。当能够牢牢掌握食物与水源时,古老的帝国与政府就能保持自己的权力和地位,比如罗马帝国、奥斯曼帝国以及中国的清朝。它们掌握着对生存至关重要的稀缺物资,由此对别人就具备了强大的控制力。

直至今日,人们仍然时常觉得自己的生活资源匮乏。这种感觉通常是由长期的物资短缺造成的,但它同样出现在生活条件相对富足的人身上。这种匮乏感,甚至对匮乏感本身的恐惧,就是会这样出现,无关人的经济状况。

因此,很多人都对稀缺充满焦虑。相比于充足的物品,人们更倾向于喜欢稀缺的东西。对稀缺的偏好有如下特点:

1. 它可以是商品本身最被人看重的一个特点。
2. 它可以让人把注意力高度集中在无法得到或未曾得到过的事物上。
3. 它可以简化人的决策过程。
4. 它可能是由人们害怕错失的心理所致。

稀缺是个如此宏大的课题,200多年间已经有许多研究者投入精力研究它带来的影响。随着时间的推移,对稀缺的研究已经拓展到了很多领域,它被视为影响力的一种因素、心理与行为改变的一个诱因、加剧竞争的一种催化剂、降低智力需求的一种方式以及产品价值的一种信号。它甚至是使出"欲擒故纵"的伎俩能够赢得更多约会与关注的原因——因为当感觉到一件东西不易得到时,我们反而会更想得到它,这一点我们会在第二章中深入探讨。

很多情况下,稀缺是自然发生的,比如生产推迟或产能受限(就像任天堂 Switch 游戏机的例子)导致供应出现短缺。然而有时候,稀缺是有意为之的结果。企业可以通过人为减少供应或在宣传与销售过程中着力营造稀缺概念(就像戴比尔斯的例子),从而制造出一种稀缺感。

我们在做购买决定的时候,会对零售市场中的各种暗示(即产品推销)做出反应,即使我们并没有意识到自己正在受其影响。老到的市场营销人员总会充分利用这一行为特点,在广告与促销活动中通过稀缺来增加产品的吸引力。当受到影响时,我们就会采取行动。大多数人都不会喜欢一样东西有可能无法买到的那种感觉。

稀缺的影响力

说服别人需要激发人的本能反应。当稀缺被用作一种施加影响力的手段时,它就可以制造或让人们感知到压力,进而改变人们的想法、态度以及行为。社会心理学家对稀缺与影响力特别感兴趣，因为它们能够带来非常显著的行为改变，让人们做出原本不可能做出的决定。正如我们在前文提到的，当得到一件物品的可能性受到限制时，这件物品会更有吸引力。

我们常常在电视购物节目中看到稀缺的存在，因为这里留给人们采取行动的时间是有限的。电视节目《创智赢家》最早的一位投资嘉宾、电视购物节目的开创者以及通过广告语"参见电视广告"（As Seen On TV）进行客户引流的行业先锋凯文·哈林顿先生在与我的一次交流中谈到了这个话题。他告诉我："早在20世纪80年代，我就充分接触到了这种利用稀缺进行销售的方式，不仅仅是在美国家庭购物网（Home Shopping Network）上，也在电视购物节目中。我们有时候会说，你一定要在某段时间内下单，这样才能买到某个产品或得到某种优惠。"一旦使用这样的表述，紧迫感就营造出来了。

凯文先生说，即使自他最初见识到稀缺销售的时候起已经过去了40年，他仍然能看到这个理念活跃在市场上。我们来看一些知名人物的例子，比如卡戴珊姐妹以及她们是如何通过一种被称为"空投"的新潮稀缺形式进行销售的。卡戴珊姐妹可能会告诉粉丝，她们今晚会投放1万件商品，一旦售完就没有了。这些产品在数小时之内就会销售一空。同样的情况我们在越来越多的品牌身上也看到了，包括耐克、Supreme与Off-White等潮牌，甚至还有亚马逊。其中亚马逊还上线了一个项目，具有带货能力的网红可以在这个项目平台上推出一个服装系列，向消费者开放30个小时甚至更短的时间供其抢购。猜猜亚马逊给这个项目取了个什么名字？空投（The Drop）。无论它叫什么名字，它与各种电视购物节目与购物频道在过去数十年间采用的做法听上去都极为相似。

反过来看，参与"空投"这种通过有限的产品数量招揽顾客的公司也明白，它们不能一直反复投放同样的产品，因为这样做会令稀缺的效果荡然无存。而这正是限量版大放异彩的地方。家庭购物网站在这个概念上动了很多有创意的心思。

凯文先生告诉我们："QVC公司[1]或许可以把同样的产品卖上很多年，而且每次产品上线都会销售一空。其实说到底，我们可以做一些限量版的产品，也就是在原来产品的基础上进行一些微调。比如说，原本一套9件的厨具套装，我们可以加两个盖子，变成一套11件，这样就有了一个限量版产品。"在厨具套装的配置变化上做文章，其精妙之处在于它能让这套产品立马与其他店面销售的商品产生差异。

在广告中，稀缺的吸引力在于它放大了与某个产品或某种机会有关的独特性、稀有性与不可多得性。而社交媒体与其他数字资源等技术的发展只会进一步强化这种影响力策略。如此一来，

---

[1] 美国QVC公司成立于1986年，是全球最大的电视与网络百货零售商，曾数次获得美国商务／电子零售业界最佳成就与顾客服务奖。——译者注

由于稀缺往往能够为广告活动与推销宣传带来更好的效果，也能改变人们的行为与态度，它逐渐成为市场营销与心理拿捏的一种主要手段。

稀缺对大脑的影响

人们不仅从心理学层面对稀缺进行过研究，还从神经学的角度做过研究。随着神经科学的进步，研究人员如今可以切实看到人们在面对稀缺时的大脑活动。2019年的一项研究就证实了这一点，研究中的受试者在一个模拟拍卖中对产品出价。[4] 当一件拍品被告知是稀缺品时，fMRI（功能性磁共振成像）显示受试者大脑中与价值评估有关的部位（眶额皮质）活跃度明显上升。接下来，受试者对稀缺品的出价要高于非稀缺品。从这项研究中我们了解到，稀缺能够快速触发人对一件产品的价值评估，并导致人迅速做出决定。在更早一些与稀缺有关的神经学研究中，也有一些惊人的发现。

在2017年的一项研究中，受试者拿到了一个促销信息，显示某个产品有一定比例的折扣。[5] 这个促销信息有一些不同的版本：有的显示促销活动仅限当天，有的显示促销活动持续一周，有的显示没有有效期的限制。受试者连接着fMRI设备，如果他们想要购买展示给自己的产品，就按下一个按钮。每次当他们选择购买限时促销的产品时,大脑中与情绪有关的部位(杏仁核)会出现明显的活跃情况;而当受试者面前是他们认为不具有稀缺性的产品时,情况就不同了。研究人员还发现,当人们决定购买稀缺产品时,那些不利于人们做出购买决定的信息会被完全忽视。

这两个研究告诉我们,稀缺会增强人们做出决定的紧迫感,导致人们出现"现在就要买"的心理。这种思考过程阻碍了我们对价格与优缺点进行理性分析的认知能力。相反,我们的认知会集中在处理"为什么应当购买"的信息上,而对其他任何有可能对购买决定造成阻碍的想法进行压制。

这些研究,以及许多其他对与稀缺有关的大脑活动做过监测的研究都证明,稀缺的影响力并非无稽之谈——它是一种你能够通过 fMRI 扫描亲眼看到的大脑活动。

我们的大脑是为生存而构造的,这也是我们常常会关注自己没有的东西的原因所在。稀缺能够让大脑转而聚焦于它认为紧急的事物。如果有些我们特别想要的东西很难获得,我们的大脑就会换挡,将脑力与关注点放在决策的修正上,因为在我们的大脑看来,这个需求现在开始变得紧急了。

让我们来看一看麦当劳的烤汁猪排堡(McRib)这个例子吧。

不易获得是最大的卖点

猪排堡是麦当劳的一款汉堡包,它把剔骨猪肉饼做成了肋排的样子，在其上裹了厚厚的烧烤酱，并覆盖一层生洋葱与腌黄瓜。这款汉堡长年受到人们的狂热追捧，主要原因还是在于它的稀缺。猪排堡仅在一段时间内限时供应，在麦当劳的广告中也不乏"售完即止"这样暗示着稀缺的信号。

这款标志性的汉堡最早由麦当劳的美国餐馆于1981年推出，一直销售到1985年。由于这款产品的销量下降，于是它被清除出了常规菜单。80年代后期，麦当劳决定把猪排堡作为一款限时供应产品重新推出，并搞点有意思的名堂。于是这款产品在美国及其他一些国家的当地市场得到了短期供应。

2005年，麦当劳还为这款汉堡策划了一场告别之旅，结果在人群中激起了巨大的反响，甚至有人迅速建起了一个网站来挽救这款标志性的汉堡。由于那次的告别之旅取得了巨大的成功，又有几场告别之旅分别在2006年与2007年上演。到了2020年，猪排堡作为一款传奇产品再次推出。在过去几年中，对猪排堡的追逐已经成为一种现象，也成为许多电视节目中竞相模仿的桥段，包括《辛普森一家》《老爸老妈的浪漫史》以及《罗斯安家庭生活》。甚至在《欢乐满屋》中，贝琪有这样的台词："乔伊，发生什么事了？自从他们上次把猪排堡买回来，我还没见过你兴奋成这样呢。"

麦当劳采用了一种独特的方式把稀缺概念玩转了，这也是猪排堡能够保持独特、热度不减的原因之一。猪排堡只会间歇性地出现在麦当劳的菜单上，会出现在哪个城市的哪家店也并不一定。这就吊足了人们的胃口。你永远也不知道它会在什么时间、什么地点出现，而获取它是有条件的，这也成了这款产品最大的卖点。原来，当一件事不再理所当然的时候，我们才更喜欢它。

天长日久，猪排堡供应的不可预测性似乎激发出了人们对这款限时产品的热情，许多博客写手都在描写这款汉堡，很多粉丝加入社交媒体群组一起讨论"猪排堡的搜寻"，甚至有人专门开发了网站，只用来研究这款红遍大江南北的汉堡。一个名叫阿兰·克莱因的猪排堡发烧友创建了一个大受欢迎的猪排堡定位网站，供粉丝们在上面寻找、上报目击线索以及讨论这款汉堡。[6] 许多拥有上千粉丝的脸书页面专门为这款汉堡而存在。有一名粉丝吹嘘自己在 4 周的时间内吃到了 27 个猪排堡。他还说，在猪排堡的销售季，他脑中整天都是猪排堡的扑鼻香气。猪排堡成了令很多人魂牵梦绕的东西。他们完全被"一堡难求"的局面攫住了头脑。

麦当劳成功地通过猪排堡建立起了品牌亲和力与长期的客户忠诚度。仍然有很多狂热的超级粉丝会在猪排堡下架之前一窝蜂地涌入麦当劳餐厅去抢购。正是因为这些粉丝，或者说其实是因为麦当劳绝妙的限时供应手段，猪排堡在近 40 年的时光中依然保持着蓬勃的生命力。

稀缺背后的动机

　　市场营销人员会通过稀缺去影响消费者，去迎合人们渴望别人看待自己的方式。只要有人想得到别人的羡慕与嫉妒，那么某个专属的、限量供应的或限量款产品就会拥有极大的吸引力。

　　作为人类，我们有诉求、有需要、有欲望，这些都是消费者行为的核心要素。如果知道某样今天还在的东西明天就会消失，我们大多数人都会疯狂起来，而这也正是稀缺会在我们做决定时产生巨大影响的原因。对得不到的恐惧在人类的岁月长河中从未消失过。这种恐惧可以与食物、水源、住所等生活必需品有关，也常常由非必需的物质财产所致。

　　我们希望自己想要什么东西的时候就能得到它。我们不希望亚马逊或易贝上的那款空气炸锅被卖光。我们不希望做一笔交易或买一件特别的东西时有时间限制，就算实际中确实有进行时间限制的必要。我们不希望别人家的小孩先于自己的孩子拿到那套新乐高。如果愿望没能实现，我们会有一种失落感。稀缺会造成焦虑，因为我们对错失总是心怀恐惧。这种焦虑会导致我们清楚地感受到自己的失控——而我们不喜欢失控的感觉。在稀缺面前，唯一能让我们找回掌控感的方式就是得到那件稀缺品。一旦这么做，一切尽在掌握的感觉便回来了。

稀缺的脆弱性

稀缺是种强大的力量，但同时也极其脆弱。在营销中运用稀缺是件有风险的事，应当考虑周全，谨慎为之。只有在得到你的信息受众认可的情况下，稀缺才有效用。你需要通过一些信号向受众证明，得到某件东西确实存在某种形式的限制。试想如下情形：

- 有限时超低折扣，但没有截止日期。
- 某公司宣称一件商品几乎已售罄，但消费者上网快速查询后发现事实并非如此。
- 某家零售店宣告商品数量已不足，但货架却是满满的。
- 某时尚品牌在广告中称一款夹克限量供应，但最后似乎人手一件。

在上述情形中，信任会被粉碎，产品价值会急转直下。消费者常常会在点评网站、论坛以及社交媒体平台上分享信息。如果一家公司让消费者产生了被人摆布的感觉，用不了多久，这家公司的可信度便会岌岌可危。如果一家公司明显只是打着稀缺的旗号去促销，那么它的声誉可能会遭到无可修复的破坏，这一点我们将在第五章进行探讨。

稀缺的运用

戴比尔斯与 N. W. Ayer 深谙稀缺的运用之道，它们明白，对供需的掌控是让钻石价格稳居高位的关键。任天堂见证了自己的 Switch 游戏机在消费者高涨的需求面前被竞相抢购的局面，虽然这是产能不足导致的结果。麦当劳把猪排堡从常规菜单上撤下来变成限时供应产品之后，实现了更大的汉堡销量。

虽然大多数人并没有意识到，但稀缺对我们的影响力无疑是巨大的，而且它能够以不同的形式与风格有效地加诸我们身上。它是一种可以用来操纵与掌控别人的力量，或者从更积极一点的角度来看，它能够让我们做出更加明智的决定。当意识到稀缺在生活中所起的作用时，你就可以在了解更多信息的情况下做出思虑更加周全的决定。在下一章中，我们将会探讨面对稀缺时我们应当做何反应。

本章要点

- 一条稀缺信息被如实地加入广告,能够促使人们采取行动(比如出手购买、捐赠等)。

- 稀缺已经逐渐成为市场营销与心理拿捏的一种主要手段,因为它往往能够为广告活动与推销宣传带来更好的效果,也能改变人们的行为与态度。

- 稀缺会增强人们做出决定的紧迫感,导致人们出现"现在就要买"的心理。

- 当意识到稀缺在生活中所起的作用时,你就可以在了解更多信息的情况下做出思虑更加周全的决定。

第二章

得不到的诱惑

稀缺策略本不在电动自行车初创公司 Lectric eBikes 的计划中，但它却成为这家公司快速扩张与壮大的主要催化剂。公司的创始人是两名年轻的创业者利瓦伊·康洛与罗比·德泽尔，两人也是多年的挚友。利瓦伊的父亲布伦特·康洛从一开始就是这家公司最忠实的拥护者，他对这两人制造出高品质电动自行车的能力深信不疑，甚至把自己的钱也拿出来给他们做了投资，这也意味着他推迟了自己的退休时间。我采访利瓦伊的时候，这家公司创建不过两年半，但它蓬勃的发展势头已经大大超过了所有人的想象。

写这本书的时候，我之所以想到去联系利瓦伊，起因是我与一位身为大学教授的同行的一次聊天。当时我正在向她阐述稀缺对企业与营销的成功有什么样的巨大影响。她突然问我有没有听说过我校一名刚毕业的学生参与创立的公司 Lectric eBikes。她声情并茂地给我讲述自己如何上了这款人们竞相购买的电动自行车的等待者名单,以及单纯是这份期待本身就让她感到多么兴奋。她的这段小故事激起了我的兴趣,而利瓦伊与我的交谈则彻底颠覆了我的想象。

利瓦伊与罗比对自己的新事业满怀激情,但两人在财务上比较保守,于是决定在起步阶段完全通过自有资金来运转。他们把目标客户锁定为希望畅快淋漓纵享人生乐趣的 45~85 岁人群。为了获得经营资金,他们为客户提供了预订自行车的机会,允许客户进行全额预付。这样一来,利瓦伊与罗比就能够用这些资金完成制造、履行订单。接下来出现的局面是需求的增长速度超过了供应能力。购买电动自行车一直需要排队,这种情况进一步推高了这个产品在人们心目中的价值。Lectric eBikes 并没有在广告上花钱,然而销售订单却源源不断地涌入。一家新公司是如何做到吸引人们前来预订一款自己从未见过的产品的呢?你不是唯一一个有此疑问的人,这也是我想问的问题。

利瓦伊告诉我,他们最初的营销策略是通过网红进行宣传。他们选择了 8 名符合目标客户定位、能够触达目标客户群体的网红,给他们每个人送去一辆电动自行车供其免费使用,并告知对方,如果喜欢这款产品,不妨为它提供一些点评。结果呢?我们这么说吧，几名网红非常喜爱这些自行车，其中一名 YouTube 平台上的网红直接引爆了这款产品的需求。

人们开始陆陆续续登录这家公司的网站，订购这些他们在网上看别人讨论过的电动自行车。只是没过多久，有意购买的潜在客户就发现需要排队订购了。但就算这样，他们也不为所动，即使他们发现等待周期有 8~15 周那么长。在利瓦伊看来，客户的这种期待与孩子们期盼圣诞节的感觉类似。这些客户的兴奋感与日俱增，他们会在社交媒体上发布与自己正在预订的电动自行车有关的帖子，也会主动去与他们知道已经购得这款产品的其他朋友进行交流。如此一来，等待电动自行车的过程逐渐在客户间营造出了一种社区的感觉。人们开始为 Lectric eBikes 着迷，迫不及待地在线上和线下与他人分享自己的兴奋之情。

Lectric eBikes 产品的稀缺不仅体现在等待者名单上。就算无须排队订购，如果某个潜在客户在网站上看到自行车的某种款式或颜色已经售罄，也会有恐慌的感觉。人们对这些电动自行车通常会有 3 个月的考虑期，但这时他们做出决定在网站上购买另一款在售车型的进程会加快。他们害怕自己会错过。利瓦伊还告诉我，他们在网站上增加了一个倒计时器，让客户知晓某个促销活动会在多长时间后结束。这个计时器带来了 40% 的销量增长。

如果说稀缺带动了销售，那么把客户变成品牌终身铁粉的就应当是产品的品质与出色的售后服务了。对于很多客户来说，Lectric eBikes 是一个闻所未闻的品牌。可是他们相信其他人（比如说其他客户）对它不加掩饰的好评，而且这种信任在客户致电 Lectric eBikes 去询问订单状态的过程中会不断加深。客户随时可以向公司进行咨询，而且应答他们的通常都是利瓦伊或罗比，他们会给客户吃下定心丸，让客户相信等待是值得的。利瓦伊说他在每通电话结束之前都会加上这句话："我简直等不及看你拿到自己的车子，因为你一定会爱死它的！"从 Lectric eBikes 所取得的成功来看，说客户爱极了这款产品没有任何问题，他们做到了。

我们对稀缺做出的反应

很多人都听过这样的故事：两个人在酒吧或夜店相遇后一起回家过夜，隔天清早就在纳闷自己怎么会被面前的这个人吸引。这种情况屡见不鲜，于是研究人员做了大量的研究，想要找到这种行为背后的原因。对此你或许听说过一种最常见的解释，叫作"啤酒眼镜"，它指的是一个人啤酒喝得越多，别人在他眼中就越有魅力。然而表象背后还有更深层的原因。

有一种被称为"打烊效应"的现象已经在几十年间经过了不计其数的研究。其中的某些研究结果与你预想的一样：酒精会降低人的判断能力，抑制人的拘谨感。这一点并没不新奇。事实上，

1979年对这种行为所做的最早的一项研究认为，打烊的时间威胁到了人们随后选择与谁结伴的自由，因此那些还留在酒吧中的人开始显得更加性感、更有魅力。[1]

打烊效应显示的是我们对于稀缺的反应。1966年，杜克大学的社会心理学家杰克·布雷姆（Jack Brehm）提出了一个开创性的理论，即阻抗理论，至今它仍被用于解释人们的行为。[2] 布雷姆的这一理论关注的是，当选择的自由受到限制时，人会有什么样的反应。这个理论做出了两重假设。第一重假设，我们相信自己有实施一系列行为的自由，这些自由的行为包括我们从前所做的事、正在做的事以及未来可以做的事。第二重假设，当行为自由受到威胁或被剥夺时，我们会想要重建自由。我们做出反应并不是因为我们渴望自由，而是因为我们惧怕失去自由。为此我们跃跃欲试，想要重新夺回选择的自由。[3] 这种反抗是自然而然出现的，并不需要深思熟虑。它是如此强烈，以至于我们在它的影响下做出的决定有可能会产生不良后果，比如花不该花的钱、买不需要买的东西。[4]

当你觉得自己的自由似乎受到了威胁或被剥夺时，重新掌控自由的意愿就会被激发出来。假如有人告诉你某件东西你不可以拥有，你反而总是更想得到它。你可以把它想象成一种逆反心理。这算得上是对付孩子的一种最老套的办法了。我们对孩子说"不管你干什么，就是别吃西蓝花"，孩子反倒把西蓝花吞个精光,正中我们下怀。我们在想要争取独立与自由的青少年身上也能看到这种行为。在《60分钟》节目的一段访谈中,一群吸烟的青少年被问及父母不允许他们抽烟的态度对他们有没有影响时,他们斩钉截铁地给了肯定的答案:"这么做只会让我们更想去抽烟。"[5] 然而这种情况不只发生在小孩与青少年身上,成年人的很多行为也会为得不到的东西所影响。

2019年的那场美国高校招生舞弊风暴(也被称作"校园蓝调行动")登上各大新闻,这正是稀缺与心理抗拒的力量在现实中的写照。我们都知道,要想被普林斯顿、哈佛、耶鲁这样的顶级名校录取,竞争是极其惨烈的。让这些学校闻名于天下的不仅是它们的教育质量,还有低至4%的录取率。[6] 96%的申请者被拒之门外,使得这些学府更加令人神往。许多学生,包括他们的家长,为了能够进入这些学府不惜大费周章。动用了200名美国联邦调查局的探员、代号为"校园蓝调行动"的案件针对的正是这样一个事件。

高校辅导老师威廉·"里克"·辛格被指控通过"开后门"把学生弄进了美国几所顶级的精英大学。[7] 据称,他通过欺诈与行贿,把一些完全没有体育经验的学生包装成了体育特长生。辛格承认自己与家长们合谋,修改了学生的ACT(美国大学入学考试)与SAT(美国高中毕业生学术能力水平考试)成绩。在有的案件中,学生甚至不知道发生了什么或者采用了什么手段才让他们被学校录取。很多家长都不是普通人物，他们中不乏知名演员、设计师与企业高管。据报道，他们花费了 20 万美元到 650 万美元不等来确保自己的孩子能够被录取。[8] 像美国南加州大学、耶鲁大学、斯坦福大学、乔治城大学这样的学府，据传收受了大约 2500 万美元的贿赂。[9] 2011 年到 2019 年 2 月期间，辛格通过自己的非营利性机构收取了以捐款为名的大量钱款，并经由该机构将这些钱分流到他在各个学校的同谋手中。

辛格承认了非法牟利、欺骗国家、妨碍司法公正以及诈骗等各项罪名。许多家长对参与其中的事实供认不讳，也有一些家长宣称自己清白无辜。那些被抓捕或认罪的人面临着监禁、罚款以及社区服务性劳役等各项惩罚。

这整个案件与我们所知的稀缺与阻抗理论有着密切的关联。卷入此次丑闻的学校录取率都非常低，这使得它们高不可攀又让人欲罢不能。因此，就算这些家庭的收入水平与社会地位都不低，这些学校仍然不容易进，而且很多情况下进不去是因为孩子的 SAT 或 ACT 成绩不够高，GPA（平均学分绩点）成绩也太低，或者还有别的原因导致无法被录取。这个时候，人的心理阻抗作用开始作祟了。要知道，如果别人告诉你不能拥有什么，往往会导致你更想得到它。你不愿意别人对你说不。于是，你的注意力就集中到了重新夺回自由选择权上来。这就是这些家长在辛格的帮助下干的事。他们不择手段，想确保自己有为孩子选择一所精英学府的自由。稀缺出现之后，阻抗心理随之而来。

阻抗理论的第一重假设是，我们相信自己有实施一系列行为的自由，这些自由的行为包括我们从前所做的事、正在做的事以及未来可以做的事。它的第二重假设是，当行为自由受到威胁或被剥夺时，我们会想要重建自由。这正是我们在"校园蓝调行动"中看到的景象，也是我们在美国工艺品进口零售商霍比罗比（Hobby Lobby）停用优惠券时看到的情形。

霍比罗比优惠券的消失

"自我有印象以来就一直是这样：你手里要是没有一张6折券的话，就没必要在霍比罗比逗留了。"[10] 大型在线折扣网站TheKrazyCouponLady.com 上的一个帖子如是说，这是由一家百万美元级的公司运营的网站，十分受欢迎。[11]

或许霍比罗比在2021年1月停用过去每周都发放的6折券与这件事有一定的关系。多年以来，许多客户已经习惯于每次去购物的时候都使用这样的优惠券，可以说是无券不消费。如果手头没有纸质的优惠券，也不是问题。人们可以在采买、排队甚至站在收银台前时快速翻找出线上版优惠券进行使用。接下来发生什么了呢？

按照霍比罗比的说法，取消每周发放的优惠券能够让零售门店的"数千种商品"体现出"更高的价值"。[12] 然而，这种说法却让零售店的顾客怨声载道。一名顾客不客气地对霍比罗比说："我希望你们既然这么做了，就说明你们不会再把每件商品的价格都标得高到离谱，要这么做，总得先有个靠谱的定价吧。"另一名顾客说道："为什么不直接标一个你们想要的价格，就按这个来好了？优惠券其实搞得我们大家都很麻烦。"[13]

霍比罗比顾客的强烈不满正是阻抗理论的现实表现。由于霍比罗比每周发放优惠券的做法自顾客有印象以来便一直如此，因此顾客们便觉得自己有实施行为的自由——这里我们指的是使用优惠券的自由。比如说，他们或许在过去购物的时候使用过优惠券，或是以后也打算继续使用。也就是说，这种情况符合阻抗理论中的第一重假设情形。然而当霍比罗比停用优惠券的时候，顾客们的行为自由（即使用优惠券的能力）被剥夺了。那么阻抗理论中的第二重假设情形应验了吗？当然了！

请记住，人们会急着想要重新拿回自己的自由，而这也正是我们在社交媒体的各种评论中看到顾客们表达不满的原因。

尽管霍比罗比解释说，他们现在计划每天都推出一些低价商品，试图以此来安抚顾客的情绪，但这并没能改变顾客们觉得自己使用优惠券的自由被剥夺的感觉。我们并不清楚顾客对停用优惠券所产生的反应有没有导致霍比罗比的营业额下降，但许多顾客不高兴了，这一点非常清楚。

显然，我们这些成年人与年少的孩子们并没有太大的不同。

我们不喜欢别人对自己说不，如果有人这么做了，我们就会有反应。在人际关系及人与人的互动中，欲擒故纵的手法也常常被人与稀缺原则联系在一起。这种情况在我们的工作与生活中都会发生。告诉雇主你需要时间来考虑是否接受这份工作，或是表现得并不急于奔赴第一次约会，这些做法都会产生同样的结果：别人会更希望得到你。研究人员古瑞特·伯恩鲍姆、科比·佐尔塔克与哈里·赖斯通过一个系列中的三个研究来验证潜在的约会对象给人一种不易得手的感觉，会不会在对方眼里显得更具诱惑力。[14] 在每个研究中，参与者会与其他参与者（至少参与者是这么认为的，因为其他"参与者"实际上是研究团队的成员）进行互动。这些真正的参与者需要对他们眼中追求其他参与者的难易程度、他们眼中对方的价值以及是否想要得到对方进行打分。当这个潜在的交往对象让人觉得并不容易追到手时，他（或她）的分量与魅力值都会增加。简单来说，这项研究显示，当我们觉得一个人遥不可及的时候，我们会觉得这个人更有吸引力、更令人向往。当然，前提是你对对方有点兴趣。

首先要正确看待自己

杰里米·尼科尔森（Jeremy Nicholson）是一名社会与人格心理学博士，也是尼科尔森心理学有限公司的创始人。他也被人称为"吸引力博士"，非常关注影响力、说服力以及约会的相关课题，对约会的相关动态做过广泛的研究。尼科尔森博士认同稀缺会令他人更想得到你的结论。但他不觉得有意施展欲擒故纵的伎俩对于单身人士来说是最好的做法。他教导人们要首先评估自己的价值，不要随便把自己打发掉。人应当关注自己的独特之处。这样做才能把自己的价值凸显出来，真正让自己的稀缺成为事实，如此才会吸引更多的追求者。此外，不要把自己的时间浪费在与你绝非良配的人身上。如此一来，你就真正成了不可多得的人物。真正的稀缺会让你获得更长久的约会，进入更好的恋爱关系。

事实上，这种人与人之间类似的动态关系在恋爱、商业活动以及其他互动场合中都存在。我的学生亚莉克莎的一段经历正是这个理念的另一个例子。

亚莉克莎在一家知名的会计师事务所获得了一份竞争非常激烈的实习岗位。在前后加起来大约两个半小时的面试之后，亚莉克莎接到了事务所中一位负责人乔的电话，通知她被录用了。乔向她介绍了这份实习工作的相关细节，包括提供给她的时薪。亚莉克莎非常希望得到这份工作，但她还是鼓起勇气对酬劳提出了看法。她说另一家事务所也想录用她（这确实是事实），但承诺给她的时薪更高。显然乔没有预料到这个答复，特别是对于一份实习岗位来说。他重申了给她的时薪是公司给这个岗位提供的标准酬劳。亚莉克莎对公司愿意录用她表示了感谢，并询问对方是否可以给她一点时间考虑。乔同意了。

几小时后，乔给亚莉克莎打来了电话，告诉她公司同意了她提出的薪酬水平，但在此之前，所有实习生拿到的都是当初公司拟提供给她的酬劳。所以事情为什么有了这样的进展？

亚莉克莎表明自己拿到了其他公司的录用通知，就意味着亚莉克莎并不一定会选择留下。同时，亚莉克莎没有急于接受乔的公司给予的职位，这就更让人觉得公司会有更大的可能失去最终录用她的机会。如此一来，这两个因素让人觉得亚莉克莎有了更高的身价，而且造成了需要抢着录用亚莉克莎的紧迫感。

亚莉克莎最后以更高的薪酬接受了乔提供的职位。虽然她或许没有见过尼科尔森博士，但她遵循的正是尼科尔森博士的建议。她看得起自己，也相信自己能够为这家会计师事务所带来价值，因而也没有将自己贱卖在劳务市场上。

显然，稀缺会让人有所反应，但这种反应会根据前序铺垫信息的不同而有所加强或减弱。这是什么意思呢？一个有关电视节目的研究会给我们提供一些答案。

我们真的总想要与众不同吗？

一份产品如果你有我没有，它的吸引力会大大增加，而拥有了这件东西的我就会与其他人有所不同。然而根据一个教授团队的研究，对危险的感知会让稀缺信息的效用大打折扣。[15] 因为从进化的角度来看，存在危险的时候，我们或许并不希望自己是那个与众不同、唯独拥有一份独特产品的人。[16] 这对广告的效果、什么时候稀缺的吸引力能够发挥作用都有直接的影响。

想象一下你在看《法律与秩序》这部剧，正在播放的这一集讲的是一个把某个城市或社区锁定为目标的连环杀手的故事。一段紧张刺激的剧情之后插入了一个关于限量款产品的广告。根据研究，这则广告效果不会太好，还有可能会起到反作用。这部犯罪剧情片已经给你做了恐惧心理的铺垫，让你对这则广告产生一种原始的反应：本能地想要躲远一些，根本不想买什么能让你跳脱出众人的东西。试想一下：当猎食者正在逼近的时候，谁想做那个与众不同的人？相反，你会恨不得尽可能地与众人融为一体，而这一点也源于我们的祖先。他们的生命安全频繁地面临着威胁，因此不得不学会自我保护，而他们也认识到人多势众才更安全。只有混于群体中，你作为个体才不容易引起猎食者的注意。

反过来说，假如刚才那条广告的重点不是限量款，而是广受欢迎的特点，它会产生更好的效果，因为你会有种自己隐藏在人群中的感觉，不必担心被猎食者盯上。

现在再来想象，你正在看一部浪漫喜剧。你坐在那里看着老剧《欲望都市》中的某一集，之前那条同样的广告在这时候播出了，宣传的还是那款同样的产品，切入点还是它的稀缺。在这种情况下，这条广告就会在你身上产生积极的效果，因为你已经有了一种想要别具一格的心理铺垫。你不想泯然众人，因为你想成为那个最让人求之不得的人。这同样源于我们的祖先，因为他们需要弄明白如何吸引异性，其中就包括要想办法让自己显得出类拔萃。在这样的心理下，如果那条广告讲的是那款产品多么受广大群众的欢迎，比如宣称已经售出了"超100万件"，就会适得其反。[17]

这里我们可以得出结论，客户获得的心理铺垫，比如说当时正在看什么样的电视节目，会让他们在稀缺的诱惑面前做出大为不同的反应。

我们注意到，稀缺带来的另一种反应就是竞争的加剧。接下来我要讲的故事印证的就是这样一种情形。

稀缺引发的竞争

有一年春天，我和家人飞越了大半个美国，打算去迪士尼乐园玩一周。那时我的两个儿子一个12岁，一个15岁，对那些我喜欢的游乐设施都没有太大的热情，比如"小小世界""加勒比海盗""幽灵公馆"等，总之就是那些比较平缓的项目。他们更喜欢的是惊险刺激的项目。我费了好大劲才让他们耐着性子玩完"乡村熊俱乐部"，看完"总统殿堂"秀，但他们表现得意兴阑珊。相反，他们会为了玩那些高速项目排在数百人的长队中，比如"飞越太空山""巨雷山惊险之旅""七个小矮人矿山车"等。在迪士尼乐园的不同园区中度过了有趣又令人疲倦的三天后，我们来到了迪士尼的好莱坞影城。

在我们家,我是那个负责安排旅行的人——订房、买票、计划行程。倒不是我想要负责这一切,但这件事最后总归还是落到我手里了。出发前往好莱坞影城的那天晚上,我把酸痛的脚抬高(截至那天,我们在那周内已经总共走了 15 英里),攥着手机,抿着葡萄酒,在迪士尼网站上翻阅好莱坞影城中的娱乐项目。我想找一些适合我们全家一起玩的项目——对孩子们来说要够刺激,同时对我来说也要够慢,不至于让我从骑乘设施上下来后晕得站不起来。

浏览清单的时候,有一个项目吸引了我的注意力:"星球大战:反抗军崛起"。由于我们全家都是狂热的《星球大战》粉丝,我知道家人们一定会对这个项目非常感兴趣。不过抓住我眼球的还不完全是它。让我停下来仔细查看的是一条信息,它告诉我们可以虚拟排队,并且称这是唯一能够让我们玩上这个项目的方式。信息中给出了两个可以加入排队的具体时间。一个是迪士尼开园前的早上,另一个是下午时分。我觉得哪里有点奇怪,但没有多想。我能确定的是,第二天一早要干的第一件事就是去排这个虚拟的队。

我把闹钟定在了开放虚拟排队时间前的 5 分钟。由于我还没能从太平洋时间适应到美国东部时间,闹钟响起的时候我着实挣扎了一番。当时睡眼惺忪的我还没有从睡梦中完全清醒过来,我拿过手机，打开了迪士尼的应用软件，等着虚拟排队开放的那一刻。几分钟后，排队按钮出现了，我马上点击了它。让我大吃一惊并且百般沮丧的是，一条信息弹出来，告诉我虚拟队列已排满，我只能等下午的那个开放时间重新尝试。

那一刻起，我从只是有点关注"星球大战"那个项目开始变得疯魔了起来。那天早上我们来到迪士尼乐园后，我精心找了一片手机信号比较好的区域，以便晚些时候我可以加入那个虚拟队伍。那天早上我们玩了各种项目，拍照留念，一遍遍地排着长队。时间一小时一小时地过去了，我让自己密切地关注着时间。我和家人在那片手机信号比较好的区域中心找了一张桌子，在旁边坐下来。随着时间一分一秒地逼近下午1点，也就是虚拟队列第二次开放的时间，我发现我的心跳开始加快，手心也开始冒汗了。我当时经历的正是一次心理反应，与阻抗理论完全一致。为了一个我从来没有玩过的项目产生这样的反应，我觉得自己十分可笑，也试图去摆脱自己给自己的难堪，可是我仍然能感受到那种紧迫与执迷。我们必须排进那个虚拟队伍。我必须拿回选择玩这个项目的自由。我把应用程序打开，大拇指来回盘旋在排队按钮会弹出的地方，直至时间终于来到了下午1点。我用最快的速度去点击那个按钮。当下就有一条信息弹了出来，告诉我我已经进入了后备名单。这个名单中的人只有在这个项目空出来名额的时候才会被呼叫到。

当时我的注意力完全放在了进入虚拟队伍上，并没有意识到我不是唯一一个在做这件事的人。在我们所在的那个无线网络与手机信号都比较强的区域，有欢呼声从我们周围的桌子处爆发出来，他们是成功抢进队列中的人。还有许多人唏嘘着，垂头丧气，失望不已。这一切都是为了一个持续不过几分钟的玩乐项目。

在这一天接下来的时间，我不停地在查看那个应用程序，想看看我们这些后备名单中的人有没有被叫到。频繁地翻看手机导致我与家人共度乐园时光的乐趣都被带走了。最后，大约在闭园前的一小时，我们终于被叫到了。我们兴奋地冲向那个玩乐项目，发现还需要与另一组人再排队等半个小时。站在那里的时候，我开始分析这整个过程。我问我儿子我们为什么非得玩这个项目不可，以及这个项目到底有什么过人之处。他给了我一个非常简单但意味深长的回答。他耸耸肩说，因为要想玩上它太不容易了。这个项目（相当于本例中的商品）变得如此有吸引力是因为只有少量人能够玩到。这种稀缺刺激了我的反应，致使我加入了拼抢。

由于那个迪士尼项目很难玩到，我一整天的注意力都高度集中到它上面。一开始，我非常快地做出了要去排虚拟队列的决定。可是我没有花时间研究这个项目，看人们对它的评价。我也没有把它与其他玩乐项目做比较，判断是否有必要把时间花在它上面。相反，我只是迅速做出了反应。我最初的决定完全只是基于能玩上这个项目的人数有限这个事实（下一章我们会讨论心理捷径问题），对这个项目的判断也只是以这条信息为基础。但这个过程中还出现了一个别的情况——我陷入了与别人的竞争。

有意施加的限制条件

当企业传达出稀缺的存在时，它就对我们的自由造成了威胁，由此触发了我们的阻抗心理，导致我们即刻做出反应。有这种反应是因为我们在以某种方式保护自己的行为自由，也是它让我们开始对购买产生紧迫感。零售商们充分利用了这种阻抗理念。我们以下面的情形为例。

假设你拿着自己的每周购物清单来到百货商店。就在你沿着一排货架走过去准备拿一盒脆谷乐牌麦片时，你看到麦片上方挂着一个促销标识，告诉你有一个大减价的促销活动，仅限本周。广告中明确了一条销售限制：每名客户限购 3 盒。你其实只需要 1 盒，但你觉得有必要多买几盒。接下来等你反应过来的时候，你已经来到了另一排货架通道中，手里拿着的不是 1 盒，也不是 2 盒，而是 3 盒脆谷乐。刚刚你所经历的这一切正是阻抗理论的核心表现。如果你确实也有过这样的行为，你应该不是唯一一个有这种体验的人。

有人会对美国大型百货商场每 80 周内的销售情况进行分析。[18] 在这段时间内，只要商场推出某个包含主打产品的促销广告，比如说柔软天使牌厕纸、卡夫牌通心粉和奶酪、Mazola 牌玉米油、MJB 与 Yuban 牌咖啡、Sparkle 牌纸巾或是 StarKist 吞拿鱼，它们的销量就会增加。没有数量限制的主打产品销量增长了 202%。这个结果非常不错。但是如果给主打产品设定一个数量限制（比如"每人限购 3 份"），销量的增加达到了 544%。人们不会只买一包纸巾，而是会买到规定数量的上限。

另一项研究也得出了类似结论。这项研究将实验场所设在了艾奥瓦州苏城的三家百货商场。[19] 实验商品为金宝汤罐头。这个罐头的正常售价是 0.89 美元一罐，实验为它设置了短期折扣活动。在每个金宝汤罐头陈列区后面放置了一个"金宝汤促销——79 美分一罐"的标识。研究人员为促销活动设置了三种不同的限制条件（"不限购""每人限购 4 罐""每人限购 12 罐"），并连续三天在晚 8 点到 9 点间把三种不同的限制条件在三家百货商场之间进行轮换，由此来观察顾客的反应。一名研究人员在暗中观察每一名顾客是怎么做的，也就是每个人会从货架上带走几罐金宝汤。

在此让我们设身处地想象自己就是这些顾客。如果说每罐你能省下 0.1 美元，在没有限购数量的情况下你会购买几件？再想想仅限购买 4 罐或 12 罐的情况。如果你和绝大多数消费者一样，你大概率会倾向于购买 12 罐。研究团队发现，把不限购与限购 4 罐的情况相对比，后者促成的购买数量多 9%。而 12 罐的限制带来的效果更为显著。相比于不限购的情况，限购 12 罐促成的销量比平常高出了 112%，比限购 4 罐促成的销量高出了 94%。

通过这两个研究，我们可以看出购买数量的限制会诱导人觉得有必要做出反应，因此会购买更多商品。对此还有一种可能的解释值得探究，不过先让我们再回到酒吧打烊时间这个问题上来。

随着打烊时间的临近，我们会开始觉得酒吧中的顾客变得更有吸引力。我们在潜意识中认识到自己择偶的自由很快就要结束，于是大脑做出了反应。酒吧中剩下的人似乎变得更有魅力，让人更有追求的欲望了。不过，有人对这个观点提出过质疑。

澳大利亚悉尼有三名研究人员并不确信真的有打烊效应一说，也就是说人们做出反应也许并不是因为选择空间变小了。[20] 这三名澳大利亚的研究人员把一对对情侣与单身人士混在一起做了观察，发现处于一段认真的恋爱关系中的人所表现出的打烊效应与单身人士基本相同。换句话说，对于身处恋爱关系中的人来说，他们的自由并没有因为闭店时间的临近而受到威胁，因为他们已经选过某个人了（他们的另一半或伴侣）。然而他们仍然在时间流走的过程中发现其他人更有吸引力了。这两种人——单身人士与处在认真的恋爱关系中的人——都被流逝的时间与临近的打烊时间影响，这说明其中还有别的原因。

其中一种解释与人对稀缺的感知以及稀缺与价值的关系有关。

随着人们凑成一对一对结伴离开酒吧，异性的人数变得越来越少，也因此越发吸引人。还记得金宝汤罐头的实验吧？加上一个限购要求使这些罐头在顾客眼中变得更有价值了。

此外，我们将会对稀缺带来的另一个主要影响进行探讨。不过首先让我们来回顾一下我们已经了解到的内容：稀缺会导致竞争的出现；稀缺会提升一件事在人们眼中的价值；稀缺会让我们更想得到某些东西，也会把我们困在求而不得的心境里。不过你知道稀缺还会导致我们在心理上走捷径吗？这似乎与我们会过度关注稀缺物的观念（比如我在迪士尼乐园的事）是相左的。其实不然，它们并不冲突。在心理上走捷径只是稀缺造成的另一种影响，我们对稀缺产品会产生哪种反应，在不同的情形下有所不同。

经济学中有一种被称为商品理论的原理或许能够对我们理解稀缺带来的价值增长有所启发。我们将在下一章对这一观点展开讨论。

本章要点

▶ 我们惧怕失去自由,于是希望重新夺回选择的自由。

▶ 欲擒故纵的手法也常常被人与稀缺原则联系在一起。

▶ 真正的稀缺会让人获得更长久的约会,进入更好的恋爱关系。

▶ 给客户做心理铺垫会让客户在稀缺的诱惑面前做出大为不同的反应。

▶ 稀缺会导致竞争的出现,稀缺会提升一件事在人们眼中的价值,稀缺会让我们更想得到某些东西。

第三章

给大脑一点喘息之机

今天走哪条路上班？先读网上的哪篇文章？咖啡里要不要加奶油和糖？那封邮件怎么回复？待到晚上上床的时候，你在这一整天中已经做完的决定就算没有数千个，也足有数百个。康奈尔大学的研究表明，我们每天做的各种决定中，仅有关食物这一项的就有 226.7 个。[1] 这顿饭你想吃那个吗？

而除了做决定，我们还需要面对很多事。我们的感观每一秒钟都会把大约 1100 万比特的信息传递给大脑。[2] 如果再加上科技进步的加持，很难想象我们每天需要面对多么大的信息量。正因为如此，我们的大脑不得不向着改善注意力的方向做出调整。想一想，有多少次当你在处理某项工作的时候会听到收到邮件的提示音？如果你与大多数人一样，你大概会停下手头的事去查看它，然后决定回复邮件，而且不仅回复这一封，还会一并处理其他邮件。之后你决定再上网查看一些信息，等到回过神时，整整 30 分钟已经过去了。就算你足够自律，只去阅读那一封邮件，也平均需要 64 秒的时间才能让思绪回到原来的状态中。[3] 然后我们再乘以你停下来查看邮件的次数，难怪你会发现集中注意力太难了。

由于大脑在一整天中不断地被打扰，它被迫开始把一切进度都调快了。

在一天中的每一个时刻，我们的注意力都被拖往那么多的方向，以致我们在大脑拼命追踪与处理这许多信息的过程中生出了许多无形的焦虑。那种烦人的、时常觉得大脑很疲倦的感觉不是你想象出来的。需要去处理的信息与刺激因素接连不断，需要做的决定无穷无尽，大脑在诸多因素的持续轰炸下很少能对接收到的每一条数据都进行所谓的深度信息加工。我们每天都实打实地暴露在数千条信息中，怎么可能做到这一点呢？于是，我们走了一种心理捷径以快速地指引自己的行为与态度。我们会寻找一些有助于我们快速做出决定的线索与信号。

这一点在我们作为消费者的时候同样适用。购买产品或服务的时候，我们希望或者需要去简化决策过程。为了达到这个目的，我们的大脑会找捷径。迪士尼乐园中那个几乎坐不到的"星球大战：反抗军崛起"项目就是一个例子，我在最初决定排队锁定一个位置的时候正是走了一次心理捷径。这个心理捷径就是"游乐项目＋不易得手＝抢占位子"的快速决定。如此看来，稀缺会导致人们走心理捷径这件事甚至对游乐园的玩乐项目都适用。

现在请你自己试着感受一下心理捷径这个概念。想象你的同事邀请你某天晚上到家里聚餐。对方告诉你不要带任何东西来，但你觉得总归不能空手去。于是你决定带一瓶葡萄酒。现在假设你来到了一家酒类专营店，面前有琳琅满目的商品。由于你并不是一个葡萄酒爱好者，甚至不喝葡萄酒，所以你对这些品牌都不熟悉。接下来要解决的问题是：你应该带哪瓶酒去参加聚餐？你把选择范围缩小到了赤霞珠品种，但问题还没有解决，因为你必须选择一个品牌。有一个品牌在货架上只剩两瓶，其他品牌的货架都是满的。你会选择只剩下两瓶的那个品牌，因为你觉得这款酒几乎要卖光了，说明它一定不错。这个时候你就走了一种心理捷径。一种无意识的心理作用给你买酒的决定提供了有益的暗示：稀缺。

让我们继续这项练习，这次来买花。

想象你在找一款创意花艺或其他有意义的礼品。你浏览着1-800-Flowers.com 网站上各种各样的选择，不确定应该买哪款。你看到有件商品已经卖掉了 100 件，还有 200 件库存；再仔细一看，你发现还有一个计数器在实时显示可供购买的数量。显然这款商品非常走销，而且你极有可能会走一条心理捷径，不再去搜索其他选项，直接就下单。

1-800-Flowers.com 的创始人吉姆·麦卡恩（Jim McCann）称，如果公司的某款畅销产品即将售罄，特别是在类似情人节这样的特殊时期，公司一定要把这个信息通知给客户。公司发现当他们把这样的额外信息提供给客户时，销量就会暴涨。他们还会让客户知道哪些产品最受欢迎、哪些产品库存紧张。这样做的结果是客户会缩短在网站上浏览的时间，更加迅速地采取行动。公司获得了更高的转化率，而另一边，客户也心满意足。客户的满意在于他们无须花费过多精力就可以在充分掌握信息的基础上做出选择。1-800-Flowers.com 给到他们的就是这样一个心理捷径。

为什么我们会无意识地把稀缺作为一种心理捷径？很多时候，我们会认为那么多人都去购买一件稀罕物总归是不会错的。毕竟那么多人会去购买一份糟糕的产品或服务的概率能有多大呢？在此前提到的约会这个例子中，如果一个人有其他追求者，因此很难追到手，我们会觉得这个人一定有特别之处。简单来说，当一件事物的供应量有限、受欢迎程度很高或者因为其他原因不易得手时，心理捷径就会出现。

稀缺缩短了我们做出决定或评估价值所需的时间。你可以把它想象成大脑的一个喘息之机。当我们缺乏足够的动机与能力去进行有目的的深入思考时，稀缺能促使我们去做信息加工。

"稀缺等于价值"的思维

当我们有意无意间把稀缺用于决策时，我们往往把稀缺等同于价值了。因此当我们对一件事或一个人得出某种结论或观点时，常常采用了"稀缺等于价值"的思维。你还在犹豫要不要买那件衬衫的时候收到了零售店发来的一封邮件，告诉你这件商品即将售罄，这时那件衬衫在你眼中的价值突然就有了明显的飞跃。如果它同时还是个知名品牌，你走心理捷径的可能性就更大了。以特斯拉为例。

2016 年，许多人守在特斯拉的各个门店外，只是为了能够获得一个把自己排在 Model 3 预售名单靠前位置的机会。这款车是特斯拉设计的首款面向大众用户的车型，价格也在很多消费者的承受能力之内。拥有一辆特斯拉还是少数人的荣幸，加之供应量有限，人们没有丝毫犹豫便纷纷献上 1000 多美元的订金。要知道，这还只是为了能排上预售名单。那些客户知道自己不可能当天就坐到方向盘后把自己的新车开走。他们知道，要得到一辆 Model 3，就必须上那个等待名单，而且做决定要快。

稀缺事物在我们眼中更有价值（或更好）

在本书第一章戴比尔斯的例子中，这家公司通过限制钻石的市场供应、借助广告策划增加需求，人为制造出了钻石的稀缺，使这些珍贵的石头在价格与价值上都得到了提升。这正是稀缺强化了吸引力与价值的最佳例证。我们会按照事物不易获得的程度来定义它的价值。通常如果一样东西很稀缺，我们就认定它很有价值。我们的心理捷径是"稀缺＝价值＝快速做决定"。购买稀缺产品的时候，我们不会在决策上做过多思考；相反，我们会急于将它买到手，因为它看起来已经所剩无几了。有一项研究恰恰说明了这一点。[4]

研究人员给受试者展示了5家不同商店的25美元购物卡，并告诉他们可以从中选4张，价值共计100美元。研究人员称他们将从受试者中随机选出三人，这三人可以保留价值100美元的全部购物卡。受试者需要根据自己的偏好程度对这些购物卡进行排序。其中一组受试者被告知每家商店只能提供少量购物卡，另一组则被告知每家商店能提供的购物卡都很多。在认为购物卡数量有限的那组人中，受试者表现出了更高的心理唤醒程度，也就是导致人们对购物卡的稀缺做出反应的程度。正如我们在数不清的例子中所见，这个反应就是人们更想要那些具有稀缺性的购物卡。研究人员得出结论：当人们从某个产品类别的多个物件中进行选择的时候，由稀缺所致的心理唤醒会影响人们的选择。不过，这个概念显然不止适用于"东西"（比如钻石、任天堂的Switch游戏机、卫生纸等）。

我曾亲眼见过我的学生们在选课的时候也有过同样的心理。

学生们所使用的排课界面上能够显示每门课程还有多少席位。当发现由某个教授授课的课程中一个空缺席位也没有的时候,他们就更想报名选这门课了。很多次他们都告诉我,会在这个学期每天查看席位的情况,以防万一哪一天会有一个名额空出来。我问他们,这门课还有其他教授在讲,席位也很多,为什么不去选。学生们回答说,那位老师一定很好,因为人人都想去听他的课。在决定教授的价值时,他们同样有走心理捷径的表现。

稀缺对我们愿为一件事花的钱、费的力气均有影响

当然,价值往往会以金钱的形式体现,这也是稀缺品会产生溢价的原因。下文中讲述的派比·凡·温克尔(Pappy Van Winkle)波本威士忌的故事,充分体现了这款一瓶难求的酒的价值,以及人们愿意为之支付的价钱是如何被推向巅峰的。

2021 年,网飞出品的纪录片《劫与罪》(Heist)中有一集正是讲的有关液体黄金的故事,也就是一款波本威士忌的惊天偷盗案。[5] 这个疯狂的故事围绕人称"老爹"(Pappy)的派比·凡·温克尔波本威士忌展开,由传说中的"波本王"吉尔博特·"托比"·克钦格(Gilbert "Toby" Curtsinger)亲自讲述。克钦格曾经是这款知名威士忌的生产商水牛仙踪酒厂(Buffalo Trace Distillery)的一名职工。20 年陈酿、45.2 度的瓶装"老爹"在人们看来是一款极稀有的肯塔基波本威士忌,每年仅生产 7000

箱。它每一瓶的零售价应为 130 美元，但在整个二级市场上，这款世间难求的波本威士忌却被炒到了每瓶 300~400 美元。[6]"老爹"成了终极崇拜的品牌代名词。据水牛仙踪的网站报道，它在世界烈酒大赛中被评为全球排名第一的波本威士忌，在满分为 100 分的评比中不可思议地斩获了 99 分。随着"老爹"热度的不断攀升，水牛仙踪酒厂开始提醒客户这款威士忌的供应已经跟不上需求了。

20 世纪初，克钦格开始偷偷把这款正受热捧的威士忌运出酒厂，私自卖了换钱，有一些卖给了自己垒球队中的队友。据称，除了偷瓶装酒，克钦格还把成桶的威士忌装上自己的皮卡车，用油布盖上，运到了潜在买家的手里。2013 年，65 箱"老爹"被盗的事冲上了新闻。

水牛仙踪酒厂发现多瓶威士忌失窃时向警方报了案。据估计，涉案金额高达 2.5 万美元。人们把这起偷盗案称为"派比门"。

在接到与水牛仙踪和野火鸡酒厂失窃案相关的匿名线索后，富兰克林县的警察局开出了一张针对克钦格家财产的搜查证。[7]他们找到了几桶失窃的波本威士忌，随后克钦格被捕，并因为他在波本案中的行为被起诉。克钦格被判 15 年监禁，但是在 30 天后被缓刑释放。[8]

波本失窃案中涉及很多因素，但有一点可能没有那么明显：稀缺。这款波本威士忌是人们眼中的稀罕物，很难获得。这使得它的身价不仅在一级市场得到提升，在二级市场上更能以几乎两倍于正常零售价的高价售出。这款酒越难得到，人们就越想得到它，而且不惜砸重金。面对酒的短缺，人们做出了反应，在克钦格的助力下大费周章地找回了购买这款酒的自由。

简单而有影响力的信息具备的力量

广告商不大会在详细的逻辑论证上下功夫，而是会把更大的精力用在经过时间检验的、简单有力的信息上，包括稀缺的诱惑力上。这一点并不奇怪。特别是当你不想、也不会对一个信息做深入的思考时，这样的广告就尤其有效。

当一家公司添上一条信息，告诉我们某个产品库存告急或补货上架时，它就等于给我们的心理捷径开了绿灯，让我们觉得买就对了。而我们对事物的复杂性很敏感，也就是说，如果某种促销活动或稀缺信息不够简单明了，我们就不会购买。因此企业可以通过简化稀缺信息与/或促销信息把人们的决策过程变得更加容易。回想一下我们在第二章中讲到的金宝汤罐头的例子。购买限制不仅让人有所反应，而且对低价购买的数量限制给了人一条心理捷径。你无意间得到的暗示是最合适的购买数量，也就是限购的数量。你无须花费脑力或对信息进行深度加工，就好像你得到了某种快速做决定的许可一般。

企业可以采用很多种技巧合理合法地为产品与服务创造稀缺

性。下面的每种手法都能够行之有效地鼓励客户快速做出决定：

- 做一款限量版产品。
- 暂时改变产品的包装。
- 只在某些特定门店或网站上供货。
- 促销期间限定允许购买的数量。
- 开展短期促销活动。
- 绑定服务。
- 明确告知某个产品库存量不足。
- 告知客户哪些产品最畅销。
- 限制人们对某项推广活动进行反应的时间。

遇到上述情形时，多数情况下客户会走心理捷径，为自己的决定开绿灯。

事情也没有那么简单

如果说只凭制造短缺或增加获得的难度就能让人们不假思索地去购买、聘用、约会或是做别的什么，那就太容易了。如果是这样，这本书只需一章就可以讲完，甚至连一章都用不了。事情并没有那么简单。要想让人们面对稀缺有所行动，还需要一些基本因素的存在：这个"商品"或多或少应该是有用的、令人向往的，它应当是可转让的（也就是一个人可以把它给予另一个人），而且存在被你拥有的可能性。在波本威士忌的故事中，"老爹"是人们极其渴望得到的东西。在克钦格的帮助下，成瓶成桶的波本威士忌得以转手，而买家也得到了将这款人人觊觎的美酒收入囊中的机会。

我们再来看一个例子。比如说你知道一支乐队要来你所在城市巡演。在以下情形中，你将会感觉到稀缺对你的影响：

1. 你对这支乐队很感兴趣，而且如果票卖得很快，你就更有兴趣了（令人向往）。
2. 售票点可以把票（商品）转让给你（可转让）。
3. 一旦开售，你有可能在网上买到票（拥有的可能）。

在上面的例子中，稀缺所需的基本元素均已满足。不过还有其他因素有助于把一件稀缺品变得更加诱人，比如首先展现出这件物品的价值、对获得它的条件加以限制、让人们进行等待、只限定少数几家供应商供货。如果你需要额外费点力气才能得到一样东西，那么这样东西马上就会变得更具吸引力。

在买票的例子中，如果售票点预先宣布门票即将开售，你所处的情况是需要排队抢购。如果你得知最多只能买 5 张票，那么这些票就显得越发吸引人了，同时（回想前面百货商店的例子）

这也意味着你极有可能将票的数量买到上限（当然，如果价格不是问题的话）。

乐队演出门票的例子只是假设，不过2021年布鲁诺·马尔斯（Bruno Mars）的拉斯维加斯音乐会却是再真实不过的例子了。短短几分钟内，拟于7月在拉斯维加斯上演的6场演出门票全部售罄，这就意味着无数粉丝面临着无票可买的局面。这时美高梅度假酒店给这些没抢上票的粉丝提供了一个选择——标价2499美元至6529美元不等的服务套餐，其中包含布鲁诺·马尔斯的演唱会门票。[9]尽管这些套餐的价格远高于门票本身的价格，但其中确实还包含更多的服务。"想想布鲁诺·马尔斯的演出票售罄的速度有多快，尽快对这些套餐下手大概不失为一个好主意。"《旅行与休闲》杂志的记者安德里亚·罗马诺如是说。

知晓或相信某个东西存在短缺情况也能够让我们更加关注它。一些研究已经发现在商品的包装上添加稀缺信息能够吸引更多人注意的现象。[10]虽然这些研究很多是在实验室进行的，但我们却能看到同样的现象不断在现实中上演。如今最常见的例子发生在网上零售店。

零售店常常会在已售罄产品的返场上大造声势，给我们一种这些产品非常抢手的感觉。浏览Jack Threads这家非常热门的网上男士商品店时，你不仅会看到一个"最新到货"的商品区，还能看到哪些是曾经售罄如今又补货返场的商品。这暗示着这件商品非常受欢迎，而且有可能会再次销售一空。一条稀缺信息被添加到这件商品上，这件商品突然就变成香饽饽了。稀缺让人在价值感知上走了一条心理捷径。

活动策划方常把稀缺原则用到门票的销售上。想参加那场会议或音乐会吗？一旦你知道仅剩 45 张票，这个活动在你脑中的价值一下就得到了提升，并有可能导致你快速做出决定，当即把票买下来。它给人的感觉与你以为还有数百、数千张票可售时的感觉是完全不同的。不过，仅仅把稀缺信息（比如仅剩 45 张票）加入广告来增加吸引力往往还不够。一项有关快餐店的研究也得出了同样的结论。

稀缺信息需合理

想想你有多少次在驾车通过式的快餐店或进店用餐的时候被问道："请问您想在餐点中加份 ×× 吗？"你的回答取决于你的饥饿程度以及店员推荐的食物，你有时会说"好的"，有时也会拒绝。

蒂莫西·布洛克与劳拉·布兰农两位博士[11]与俄亥俄州立大学想弄清楚在强信息与弱信息上分别增加时间限定条件会不会导致人们更容易答应某个请求。他们把实验场地设在了一家繁忙又嘈杂的免下车式墨西哥快餐店。快餐店负责接单的店员并不知道研究人员的实验目的是什么，但他们还是配合进行了实验。按照实验的要求，接单员需要向顾客询问是否考虑买一份肉桂麻花卷。人们很少购买这道甜食。快餐店此前曾试着把它以"特色甜食"的名义进行推销，但这个做法对销量并没有明显的提升效果。布洛克与布兰农想采用一种不同的方式，看看是否能够激起人们的兴趣，增加销量。于是顾客们开车经过餐馆的时候会听到以下两条信息中的一条：

高限制性条件："请问您想不想来一份本店独特配方的肉桂麻花卷，仅限今天供应？"

低限制性条件："请问您想不想来一份本店常规配方的肉桂麻花卷，今年全年供应？"

接单员还会按照实验要求的话术加上以下两句话中的一句：

强观点："您知道吗，这份肉桂麻花卷与墨西哥风味的食物是绝配。"

弱观点："您知道吗，这份肉桂麻花卷其实不算真正的墨西哥风味。"

经过数据分析，布洛克与布兰农发现当接单员把"请问您想不想来一份本店独特配方的肉桂麻花卷，仅限今天供应？"与

"您知道吗，这份肉桂麻花卷与墨西哥风味的食物是绝配。"这两句话一起使用时，肉桂麻花卷的销量增加。但是，同样的限制性条件（"仅限今天供应"）用在弱观点的表述上时，肉桂麻花卷的销量反而下降了。最令人意外的是高限制性条件与弱观点的组合带来的销量比低限制性条件与弱观点搭配的时候更低。这个结果告诉我们，稀缺的确有效果，但是如果你只是随便把一条稀缺信息甩到一个广告或其他场合中，往往是不够的，而且还有可能适得其反。你最好能用强有力的概括信息或论述展示出稀缺产品的价值，以取得最大的成效。学术研究与营销实践都表明，稀缺信息的来源也对它的有效性具有重要的影响。

信息来源的考虑

虽然稀缺能够让人走心理捷径，提升人对价值的感知，但稀缺信息的来源同样至关重要。

2020年开始的新冠肺炎疫情引发了许多不正常的行为，其中包括我们在前文谈到过的卫生纸挤兑现象。将来还会有各种理论与观点对此现象做出解释，但稀缺当数问题的核心。媒体对卫生纸危机不断进行的报道只会让这场疯狂的抢购愈演愈烈。人们相信新闻报道，因此相信货架确实在被掏空。

正如稀缺会促使我们对一件商品做出快速的价值评估，稀缺信息的来源也能帮我们在决策过程中抄一些近道。恰好有一个可靠的来源时，稀缺信息对人的影响力会急速飙升。很多时候我们能够被说服，是因为我们喜欢或相信那个把稀缺信息分享给我们的公司或个人。毕竟，专家理应是可信的。

稀缺能够起作用的另一个原因在于我们相信其他人会受到影响，因此自己马上行动起来才是聪明之举。换句话说，针对产品也好，服务也好，如果你觉得其他人会受到一条信息的影响，你就想保证自己能够抢在别人之前得到它。1-800-Flowers.com 的创始人吉姆·麦卡恩告诉我，他曾在 2021 年 12 月见证过这样的景象。

在全球陷入疫情的时期，供应的短缺影响到了几乎每一个行业。圣诞节到来前的那段时间，媒体在不断报道供应问题、码头问题等各种会导致商品出现短缺的物流问题。它传达出的底层信息非常清楚：由于可供消费的商品量会不断下降，如需购买礼品，最好早做打算。在 1-800-Flowers.com 的历史上，这是公司第一次见证客户下订单购买礼品的时间比以往任何时候都早。这种情况为什么不寻常呢？过去这家公司也会提醒客户假期来得比想象中快，一定不要等到最后一刻。给出这样的提示并不是出于营销策略的考量，而是受商品数量与订单履行能力所限不可避免会出现的结果。吉姆以情人节为例对这一点做了解释。公司要传达给客户的信息是，如果想要购买玫瑰或其他任何品种的花，需尽早下单，因为花卉礼品会卖光。多数情况下这种提醒是奏效的。然而，总是有很多客户会等到最后一刻才下手，并且无法理解为什么花会售罄或者为什么公司没有按照自己要求的时间履行订单。但 2021 年的 12 月，情况完全不同。那时提醒客户产品供应会有问题的不仅是 1-800-Flowers.com，还有媒体。

媒体不仅是一个可靠的信息来源，而且它对产品短缺的报道不是为了服务于自身利益。对于 1-800-Flowers.com 以及所有相关的品牌来说，那是它们有史以来第一次见证需求曲线发生了如此剧烈的变化。这种景象正是由媒体对稀缺的报道促成的。

消息的来源，无论是广告还是口头说明，向我们提供了我们未见得知晓的信息。我们会考虑消息的内容，但同时也会判断是谁在传递这些内容，也就是消息来源。

消息来源的可靠性

要想让营销内容中的稀缺信息起作用，就一定要让我们相信信息来源的可靠性。无论这个稀缺信息是来源于一个企业、一个营销机构、一名销售员、一个名人还是其他什么人，我们只有在觉得这个消息来源可靠的时候才会相信它。

对信息来源可信度的最佳定义或许是由三名营销教授的团队给出的。他们把它定义为"人们觉得某个来源对一件事所具备的专业性，以及能够就某件事给出客观意见的诚信度"。[12] 这个定义中的专业性指的就是信息来源对某件事的了解程度，诚信度指的是消息来源的可信度以及它在人们眼中的诚实度。

专业性与诚信度都是可靠性的主要组成部分，不过还有另外一个因素：吸引力。消息来源须得是熟悉的、讨人喜欢的或是与我们相似的，这样才能在某种程度上让人觉得有吸引力。

很多情况下，当有专家参与到信息的探讨中时，我们会关停大脑的运转，也就是说我们把做决定的负担抛给了专家。听着耳熟吗？是的，我们又一次走了心理捷径。我们停止了自行思考，全身心地依赖于专家。这似乎令人难以置信，可这就是2009年的一项神经学研究得出的结论。[13]

参加研究的受试者拿到了一系列财务选择。有些选择中提供了一位财务专家的建议，另外一些没有提供任何建议。当受试者查看的是包含了专家建议的财务选择时，他们停下了对各种选项的思考，盲目跟从了专家的建议。可见专家的建议对受试者的行为有着极大的影响。可是这些不是类似于"去哪儿吃饭"这种简单（虽然有时候一点儿也不简单！！！）的决定，都是具有相当风险程度的财务决策啊。然而受试者选择了相信专家的建议，把做决定这件事寄希望于专家，而不是亲自对手头的选项进行评估。

从实际来看，企业想要通过稀缺信息来影响客户时，需要考虑信息的来源。人们是否相信这个信息来源对某个产品或服务足够了解？举例来说，试想你接触到了一个有关均衡饮食重要性的劝诫信息，而且获悉这个信息来自一位获得过诺贝尔奖的生物学家。那么这样的信息应当是可靠的，对吧？它甚至有可能会改变你对于饮食习惯的想法。接下来试想这个信息的来源不是那位诺贝尔奖得主，而是一个当地快餐连锁店的厨师。你还会觉得这条信息有说服力吗？想必还是你觉得它来自诺贝尔奖得主的时候会更容易被说服吧。[14]

当某个代言人或品牌给出一条信息时，如果消费者认为这个信息来源在相关方面具有较高的专业性，则消费者转变想法的可能性会变大。如果我们当即觉得这个信息来源是个专家，我们更有可能购买那件商品。这里的关键词是"觉得"。就算只是"让人觉得专业"，也会促成销量的增长。

如果信息来源在人们看来不够专业，这个信息的说服力就会减弱。

假设你想买一套新西服。你来到了诺德斯特龙百货店，逛一逛，选一选，这时一名销售员走了过来。她告诉你她的大多数高端客户会买 Suitsupply 这个品牌，目前还有少量库存。听到这番话之前，你对这个品牌可能并没有太大的兴趣，但是由于这名销售员把该品牌与其他人的购买选择联系了起来，你突然就开始认真考虑这个品牌了，尤其在库存商品已经不多的情况下。诺德斯特龙的这名销售员就是信息来源，而你潜意识里（或有意识地）把她看作了专业人士。

有一项对"专家力"这个概念开展的调查研究发现,把专业人士与一样东西联系起来,只需让人接触一次这样的组合,就会让人对这件东西留有长久的积极态度[15],甚至对我们的记忆也会产生正面的影响。研究团队是在使用 fMRI 扫描观察到受试者的大脑活动后得出这个结论的。来自专家的信息实际上会对人的大脑活动造成干扰。

在零售领域之外,销售员也能够利用稀缺来有效地展示自己的专业性。比如说,一名房地产经纪人称她会有意限制自己接待客户的数量,但也可能会有一个名额空缺出来。你应该不会轻易相信这样的说辞。相反,你大概会首先对这名经纪人做点调查。你可能会上网搜索她的名字,或去查看她在领英上的介绍,由此判断她是否真是个"专业人士"。你找到的无论是她在领英上发布的信息类内容,还是她在博客中更新的有用的权威性内容,这些信息一定会强化这名房地产经纪人在你眼中的专业性。

承担专家角色的还可以是其他客户,那些我们觉得在兴趣、年龄、地域以及其他特征上"像我一样的人"。很多线上公司会把"同类人的心理"与稀缺信息结合使用。

Net-a-Porter 是一家时尚奢侈品零售网站,它会在横幅信息中显示其他顾客正在购买或正在加入购物车的商品。客户能够实时看到其他国家的人在买什么,由此产生一种该网站可靠与值得信任的感觉。

有一次我在大学课堂上讲课，问了学生们一个简单的问题："你有没有在照片墙（Instagram）的广告中看到某个你没听说过的品牌，并受它影响买下了这个品牌的商品？"这个问题我以前也曾问过，主要目的是引导学生们就社交媒体的营销力量以及各种品牌争夺客户注意力的问题展开讨论。有一个名叫史黛丝的学生马上举起了手。她给我们讲述了这样一个情景：她在翻阅照片墙的推送信息时看到了一个广告，广告的画面中是穿着一条"很可爱的裙子"的女士，上面配了文字"闪购：全部8折，仅限今天"。史黛丝说她不认识这个购物网站，但还是点击了这个广告，开始给自己的购物车里添加东西。就算在打8折的情况下，史黛丝还是成功地把购物车中的商品金额累加到了100美元。对于一名大学生来说，100美元可不是一笔小数目（就算在不是大学生的人看来，这笔钱也不少）。她已经完成了购买所需的全部步骤，就在即将点击最后一步完成下单的时候，她停下来想了想自己都干了些什么。抓住限时促销机会的冲动致使她跳过了正常情况下面对一个不熟悉的网站时她会做的事：先在网上查一查这个公司。于是她在浏览器中新开了一个页面，开始查询有关这家公司的点评。令她吃惊的是，几乎所有点评都是差评。消费者抱怨衣服非常劣质，实物与图片完全不符，售后服务也很差。甚至还有的评论抱怨发货速度慢得不可思议，完全与购物网站上的承诺不是一回事。后来，史黛丝没有继续那次购物，即使它在打 8 折。

———————

稀缺（以及信息来源）能够导致我们给予稀缺品更高的价值评估，也会促使我们放弃对信息的深度加工，走一条心理捷径。还有非常重要的一点是，它会让我们因为害怕错过而陷入执迷。

本章要点

▶ 当一件事物的供应量有限、受欢迎程度很高或者因为其他原因不易得手时，心理捷径就会出现。

▶ 稀缺缩短了我们做出决定或评估价值所需的时间。

▶ 稀缺强化了事物的吸引力以及它在人们眼中的价值。

▶ 稀缺产品会推高产品的溢价。

▶ 用强有力的概括信息或论述展示出稀缺产品的价值，以取得最大的成效。

▶ 要想让营销内容中的稀缺信息起作用，就一定要让我们相信信息来源的可靠性。

第四章

错失恐惧症：相比得到，为什么我们更害怕失去？

迈克正在当地一家广受欢迎的烤肉店中排队点餐，处在第10位。这是一种很常见的就餐过程，你在柜台点餐，拿号，然后找张空桌坐下来。时值周中的午餐时间，用餐的人很多，迈克觉得很多人一定也像他一样，很想来一份熏肉与奶油配菜。已经过了好几分钟，迈克的队伍往前挪了几步。等他排到第6位时，一名店员从后厨出来告知等候中的顾客，店里的特色餐仅剩为数不多的几份了。迈克开始紧张起来。不多是几份？如果排在前面的人都点了特色餐怎么办？自己还买得到吗？这种紧张感在他离点餐柜台越来越近的过程中变得更加强烈。"请帮我点一份特色餐，谢谢。"迈克松了一口气，因为他买到了最后一份特色餐。

他为自己的好运感到开心，笑意盈盈地拿起点餐号牌，来到冷饮台接了一杯饮品，然后在一张桌子旁坐下来开始等餐。直到这时，他才抬头看向点餐柜台后的大菜单，心下一动："该死的，我想吃肋排来着。"

有时候，对错失的恐惧会让本想得到的东西变得黯然失色。

相比于得到，人更害怕失去

> 广告只需基于一件事，那就是快乐。你知道快乐是什么吗？快乐是新车的味道，是无忧无惧的自由，是路边向你大声疾呼你做什么都可以的广告牌。你且随心。
>
> ——唐·德雷柏，《广告狂人》

"黑色星期五"因人们"彪悍"的购物风格和店铺人满为患的局面而声名在外。我们提前研究交易价格，规划好进店顺序，决定好要抢购什么商品。无论是在塔吉特购买电视机还是在百思买购买笔记本电脑，我们不想错过任何临时打折的活动，于是我们在店门外排起长队，与其他购物者拼抢那些大减价的商品。可是为什么会出现这种景象？只是因为我们想要拿下这笔合算的买卖吗？

我们喜欢得到"东西"的感觉，无论它是财富、机遇、感情、商品还是别的什么,然而害怕失去却是促成决定的更大成因。我们也不喜欢后悔当初没能采取行动的感觉。保险公司正是利用了人们对失去的厌恶感来强调小概率事件如果没有保险覆盖会产生什么样的后果——它激活了我们回避损失、购买保险进行风险覆盖的偏好。以下列场景为例:

- 相比于降价,我们对涨价更加敏感。[1]
- 如果政治候选人告诫我们选择他的竞争对手会让国家深陷国际冲突,这个政治候选人会赢得更多的选票。[2]
- 一支反对吸烟的广告通过着力描绘死于喉癌的某个人来警示人们远离吸烟的行为。[3]

这些类型的场景会让我们更加关注有可能产生的负面结果,用心理学家的话来说,对损失的厌恶会影响我们的情绪。一次又一次,人们把得到某件物品的愉悦排在了失去"这件物品"的痛苦之后。正是因为如此,人们发现用能够将人的恐惧心理激发出来的沟通方式劝诫他人非常有效,比如劝人改善口腔卫生、注意安全驾驶等。但是,还存在一个问题,那就是不能过火。如果引人恐惧的信息太过强烈,会让人有受到威胁的感觉。一旦出现这种情况,人们往往会产生更强的戒备心,选择去忽略这个信息。[4]

人类行为中最基本的一面就是识别环境变化与做出适应性选择的能力。把它放在社会背景中来看，我们很容易根据同类人给出的正面或负面反馈来改变自己的行为。

对损失的厌恶能够影响我们的决定，它也是我们生理构造的一部分。当我们感知到潜在的损失风险时，大脑中负责处理恐惧与威胁的杏仁核区域就会活跃起来。也正是这个区域敦促我们的祖先去改变行为习惯，逃离潜在威胁，以便能够活下来。要生存，就要避免将自己置于不利的条件下。远离痛苦就意味着有了更大的生存概率。不过，不单是人类的祖先如此。当我们感知到或害怕出现损失时，我们的大脑就会被激活，行为就会受到影响。我们会产生一种对决策过程有影响的情绪反应。当然，错过一次促销或拿着一张第二天就会过期的优惠券与身后有只剑齿虎穷追不舍的情况还是有所不同的。我们的祖先要面对的是程度远高于我们的损失。只不过神经学研究结果表明，不管危险的程度如何，大脑的同一个部位都会有所反应。[5]

我们对稀缺物的偏好往往是由我们对损失的恐惧导致的——如果不去争抢那件稀缺物的话，自己可能会错过什么。相比于可能得到什么，我们更在意可能会失去什么。举个彩票的例子。假如有人给了你一张彩票，在中奖号码被抽取出来之前，有人想用另一张彩票与你交换，你会同意吗？根据过去几年来的研究，你的回答很有可能是"不"。[6] 因为人更容易想象到的情形是，原来的彩票会中奖而新换来的彩票没有中奖。这种预想会让你不愿意去交换彩票。毕竟万一错失奖金，就太令人痛苦了。

即使有人为了与你交换彩票愿意给你一些好处，研究一次次地证明，你大概还是不情愿放弃自己原来的彩票。[7]这听起来似乎有些奇怪，因为从统计学的角度来说，交换彩票并不会改变中奖的概率。对这种多少有些不讲逻辑的行为有一种解释：在我们的预期中，相比于得到，我们更难接受的是后悔。试想你交换了彩票，然后发现原来那张上的号码才是中奖号码，而你生生错过了天降横财的机会。在接下来的数年中，你大概都恨不得踹自己几脚。等你老了，你可能还会谈起，如果当初没有犯下那个致命的错误，人生会是什么样子。

诺贝尔奖得主丹尼尔·卡尼曼在一项实验中发现，损失100美元给人的感觉远远超过赢得100美元的感觉。其中的差距有多大呢？拿钱得到愉悦的程度几乎不到丢钱造成不悦的程度的一半。[8]美国最优秀的网球运动员之一吉米·康纳斯（Jimmy Connors）也对损失厌恶的心理有过总结。当他被问及是什么激励他表现出了如此高的水准时，他给了一个发人深省的答案："我喜欢赢，但我更不喜欢输。"[9]这句话对消费者来说难道不是同样适用的吗？相比于"赢得"那件商品的喜悦，我们更讨厌错失那笔交易的感觉。

对损失的厌恶不只会出现在彩票相关的例子中。在学校中，拿到额外的学分是件要紧事，也能够激励学生们通过各种活动在课程中取得更高的分数。加州州立大学圣马科斯分校的两名教授瓦西里斯·达拉卡斯与克里斯汀·斯图尔特设计了一个实验，想验证把一个激励措施表述成一种潜在的奖励更有效，还是表述为潜在的损失更有效。[10]这个激励措施就是根据学生在整个学期各个小测验中的正确作答率，让学生在期末考试中获得免考的机会。

其中一个班的学生被告知，如果他们在小测验中拿到足够的分数就可以免考。另一个班的学生被告知期末考试是可以免考的，但前提条件是要在这个学期的小测验中拿到足够的分数，否则就必须参加期末考试。激励措施是一样的，只是表述不同。达拉卡斯与斯图尔特教授发现，这项激励措施被定位为一种可能会失去的东西时更能对学生起到激励作用。

害怕失去的心理可为企业所用

害怕失去的心理还能导致消费者之间的竞争加剧。我们会产生一种需要抢在那件稀缺品消失之前得到它的紧迫感。一家电影票务平台公司认识到了这一点，摸到了敦促消费者买票的法门。

这家公司允许消费者在前往剧院之前提前购票，多年前它却面临着一个独特的挑战。它卖的本是一种建立在恐惧基础上的商品。这种恐惧是什么呢？是电影票会被卖光的感觉，只不过现实中极少有影片的票会出现这种情况。

公司中主要的用户体验设计师之一告诉我们，公司面临的一个问题是他们的平均客户终身价值只有1.2~1.5张票。公司需要想办法吸引观影者不断地提前买票。令人意外的是，公司有一名员工无意中购买的一个市场营销工具不仅让公司解决了这个问题，而且还开创出了一种在后来数年间一直被沿用的商业模式。

这个"神奇的"市场营销工具中包含着一种强有力的热图生成与行为追踪技术。在这种技术手段的帮助下，这家电影票务平台能够准确地看到客户在网站上的活动。有了这个工具，用户体验团队决定对各种与需求相关的稀缺信息进行测试，看看客户对他们的"怂恿"是否买账。

这个用户体验团队不仅发现客户对信息非常敏感，而且不同稀缺信息的作用不同，有些甚至会起反作用，导致客户不愿购票。如果稀缺信号太强烈，人们就不大会买电影票，因为他们担心影院会人满为患。稀缺信息只有在非常温和的情况下才会起作用。这又是什么意思呢？要回答这个问题，我们需要来详细了解一下这个测验是怎么做的。

设计团队发现，要想让稀缺对客户起作用，首先要回答两个问题：这个信息可信吗？还有别的选择（也就是说，区域内还有其他影院可选，因此产品转移成本比较低）吗？公司知道要回答这些问题还需要了解一些事：同一区域内的影院密度以及每家影院的规模。

公司能够通过地理定位数据判断出每个区域内人们愿意驾车前往多远的地方。比如说，丹佛市区的人愿意开车跑到远至50英里以外的电影院，而纽约市的客户则最多愿意走几英里。另外，一个影片的票房应当是有一个预期规模的。如果这个规模太大，人们自然会明白影院的上座情况，那么稀缺信息就不会发挥出它在其他情况下所能发挥的作用。此外，还有一些因素需要考虑在内，比如在一周中的哪天、一天中的哪个时段、播放哪个影片类型等。举例来说，没有人想在周六晚上看恐怖片（恐惧不一定能制造浪漫）。但是恐怖片的转换成本的确很低，因此对于电影票务公司来说，这种影片是一个非常理想的测试对象。于是用户体验设计团队战略性地在恐怖片的售票页面上添加了稀缺信息。经过数百次的试验，他们得出的结论是，最有效的稀缺信息是"佳片热销，即将售罄"，这句话被放在一个小小的橙色渐变框中。

有了这样的数据基础，这家票务公司决定把这条稀缺信息运用到更多影片上，并推广到全美国各地的售票点。

接下来的结果令人惊异。

几周后，公司的一名高管穿过总部大厅前来询问周六早上的票房销售为什么会暴涨。准确来说，电影票的销量增加了33%。单个售票窗口的平均营收飙升了10万美元。再把这个数据乘以全美国范围的售票网点数，这个增长量是极其巨大的。这是公司历史上唯一一次出现这种情况，而且只是因为公司做了一个简单的动作,把一条稀缺信息"佳片热销,即将售罄"的显示位置挪到了影院名称的旁边。

在这个例子中,稀缺信息能够取得成功是基于几方面的因素:这个信息是可信的;它释放的信号既不能太强烈,也不能太温和;它的位置一定要能够引人注意。在这些因素的共同作用下,这家电影票务公司的营业收入取得了重大突破。

促销活动中的紧迫感

与物资会用尽的情况类似(无论是电影票还是卫生纸),紧迫感也是令促销活动起作用的因素之一。

促销活动的目的正是让顾客加快购买进程,甚至去购买更多数量的商品。在有些情况下,促销活动还会刺激消费者彻底更换想要购买的品牌。为了实现这些好处,很多公司通常会强调促销活动的有效期。因此广告中出现类似于"仅限两天!"或"限时促销"的情况并不鲜见。有时候,顾客害怕错失的并不仅是商品本身,还有四处炫耀的资格。以成为高科技产品的第一批用户为荣的人,是愿意为了抢先拿到新款 iPhone 手机而前往苹果店门前排队的。在这种情况下,并不一定需要通过促销手段来刺激销量。相反,企业可以强调用户成为朋友中最先拥有新款产品的人所获得的骄傲感。

提供专属产品、短期折扣,宣告库存紧张,这些都是企业利用人们害怕错失心理的方式。发放优惠券也是同样的道理。它之所以能激起人们害怕失去的心理，是因为它一开始意味着一种收获的可能（省钱），但在时间流逝的过程中，它唤起的则是可能要面对损失的感觉，我们害怕如果不去使用优惠券就亏了。

实践证明，一个生产商的优惠券越临近有效期，其兑换率就越高。[11] 我们最初拿到优惠券的时候，脑中呈现的是它所蕴含的收益："想想我们能用这些券省下多少钱呀！"厂商优惠券与店面优惠券的不同之处在于，这些券从发放到过期，通常中间有两三个月的时间。在时间一点一滴消逝的过程中，我们看待这些券的方式也发生了变化。我们不再觉得它们代表着潜在的收益，眼下看来它可能更像一种潜在的损失。有这种想法的不只是我们，其他人也有同样的感觉，于是就会出现集中兑换优惠券的情形。

害怕失去的心理同样也能够用来解释为什么短期折扣比每日低价的效果更好。后者这种常见的让利活动没有把时间因素包含进去，也就是说它总会保持这个水平。如果你一周之内看到的价格都是 5 美元，你不会担心它在下周涨到 5.5 美元。反过来说，一张优惠券或是限时降价活动则表示促销活动很快就要结束，短期内不会再有这个价格了。

种种现象都能说明，为什么企业能够也惯常利用人们害怕失去的心理作为促进消费的一种策略。

买还是不买？

错失恐惧症深藏在我们的潜意识中，影响着我们所做的决定。这是心理状态与情绪变化相结合的一种产物，对我们的行为有引导作用，包括消费行为。

梅琳达·玛丽亚珠宝（Melinda Maria Jewelry）是人们非常喜爱的价格亲民的珠宝品牌，很多名人都佩戴它。这个品牌就是利用错失恐惧症增加关注度与销量的一个极好例证。该公司设有一个批发部门，但大约95%的销量都是直接来自终端消费者。

在意识到断货商品的吸引力之前，梅琳达·玛丽亚珠宝对于库存的思路是，要为每一种风格的产品都备足库存，确保满足市场需求。然而在公司高速发展的过程中，这家热门的珠宝品牌意识到产品卖断货也不是一件坏事。

我与公司的创始人梅琳达·施皮格尔（Melinda Spigel）聊及此事时，她解释说已经售完或补货的商品对销量具有影响，而且是积极的影响。回头来看损失厌恶这个概念，消费者是不喜欢错过购买某个产品的机会的。而这也是一次次发生在梅琳达·玛丽亚珠宝的顾客身上的现象。补货、预售、断货、排队名单，这些因素只会进一步刺激用户需求并由此带来销量增长。就像梅琳达所说，当员工们还在等着执行一个库存订单时，他们已经在为源源不断的预售需求下订单备货了。

在同样的思路下，梅琳达·玛丽亚珠宝公司还通过 A/B 测试[1]发现，在电子邮件的标题行中使用"补货"这样的字眼时，邮件的打开率远高于不加这样的字眼。公司如今需要每月发送一次"补货"邮件，也就是说或许需要将某个商品从网站上撤下来，修改可售数量，然后再重新发布上去。而"补货"并不是公司测试过的唯一事项。

该品牌在营销活动中会大量使用数据，由此他们发现了一个情况：与顾客沟通某个产品的受欢迎程度会让这个产品的销量上升。比如说，发送的邮件中包含了某个产品"被最多人加入等待清单"等类似的内容时，该产品会在短时间内再次断货。经过试验，梅琳达·玛丽亚珠宝公司还发现，展示商品的同时附上上千条顾客的好评，再加上一句"请在再次断货前购买"，这种做法无异于使销量飙升的一支催化剂。它与第三章中我们提到的"同类人"的概念相吻合。

"产品卖断货能够影响人们的购买方式，帮助我们在销售中快速获利。它创造了需求，也强化了我们的品牌。"梅琳达如是说。

截至 2020 年，梅琳达·玛丽亚珠宝公司的批发部门与直接

---

[1] 所谓 A/B 测试，简单来说就是为同一个目标制订两个方案（比如两个页面），让一部分用户使用 A 方案，另一部分用户使用 B 方案，记录下用户的使用情况，看哪个方案更符合设计目标。常见的做法是，在保证其他条件一致的情况下，针对某单一的元素设计 A、B 两个版本，并进行测试和数据收集，最终选定数据结果更好的版本。——译者注

面向消费者的网站创造的销售额达到了 2000 万美元。

当然，梅琳达·玛丽亚珠宝公司的成功还有很多其他原因，包括公司创始人的个人魅力与创造力、产品的品质保证以及出众的售后服务等。但我们仍然不能忽视断货商品的吸引力。研究表明，相比于"冲动消费"，我们更加后悔的是自己"没有出手"，比如说错过购买梅琳达·玛丽亚珠宝某个款式的机会。

一项在游轮旅行者身上开展的研究对这种后悔的感觉做出了进一步解释。[12]

在一艘前往南非的游轮上，一些游客应邀同意在旅行途中以及旅行结束后参与一项研究。游轮出发之际，他们每个人都领到了一本记事簿，并被告知这个研究调查的是人们在度假过程中对所购商品的满意度。实际上，研究人员真正想研究的是后悔。这些游客每天都需要把他们购买的所有商品以及想要购买但最终没有购买的商品记录下来，把这些商品按照为自己购买与作为礼物购买的不同目的进行分类，并按照满分 7 分的标准给自己对每件商品的满意程度、它让自己开心的程度以及后悔的程度打分。

游轮旅行结束 3 个月后，这些游客收到了一份关于他们所购商品的追踪问卷，需要按照之前那套打分体系对每件商品再次评分。把两份调查结果进行对比后，研究人员发现，在短期内，人们对于没能购买的后悔程度要高于对购买行为的后悔程度。但 3 个月后，人们对于当初决定不去购买的后悔程度有所变化。研究团队在这项研究之后进行的两项额外调查也得出了相似的结论：在有限的购买机会过去后不久，那些选择不去购买的人比选择进行购买的人感受到了更强烈的后悔。不过时间一长，这种悔意会减弱。这些研究结果告诉我们，当面对一种有限的购买机会时，我们很快会后悔当时没能出手购买的可能性非常高。不过随着时间的推移，我们就不太在乎了。这种很快会感到后悔的现象可以在某种程度上解释许多转售生意缘何能开展得如火如荼。

有限的购买机会

位于佛罗里达州迪士尼乐园的"神奇王国"每年有超过2000万游客到访，因此势必会销售纪念品。[13] 只是在经历了满满当当的行程及长时间的行走与排队之后，人很容易没有足够的时间与精力再去选购一件纪念品了。你甚至会发现自己在犹豫到底有没有必要买一件什么东西带回家。举例来说，假如你没有买纪念品，但你觉得其实应该买一件，于是你就会上网去搜寻。瞧，找到了！易贝上有这只马克杯在售——只不过价格比你在乐园里能买到的价格高出了90%。可你还是买了下来，因为没有人想就这样后悔下去。

我分享这个故事是因为有很多精明老练的网上卖家瞄准的就是这类人的市场：没有带着想要的纪念品度假归来的人。有些人正是利用人们会后悔的心理做起了这个生意，他们会自己前往主题乐园把大量的纪念品买回来，盘算着加价之后再把它们卖出去。

同样的情况在观看演出时也会发生。假如你得知这支乐队的相关周边商品只在演出现场出售，并且你当时没有购买的话，你更有可能感到后悔。

许多营销人士与企业家都知道建立在错失心理上的稀缺对我们具有极大的影响。如果你在有限的购买时间内没有行动，你可能会一边责怪自己，一边想象如果买了会是什么样。基于这种损失厌恶心理，企业或许可以考虑一种让顾客能够在未来的购买中享受 50 美元的减免，而不是立减 50 美元的促销方案。这种激励方案对于刺激日后的购买行为效果更好。很多零售商已经采用了这种做法，包括科尔士百货公司、大型零售商 Tilly's、时尚潮牌购物网站 Hot Topic、宜家等。

有限的购买时间

善于有效利用人们害怕失去心理的企业都明白，最终一切都要落脚到如何准确地构建一个购买场景上。我们在有关"黑色星期五"的广告中能够看到这些迹象。塔吉特百货或许会明示折扣价在早上 6 点到 11 点间有效，并将它与常规价格放在一起做对比。这样一来，购物者接收的信号是，如果自己不在促销期间驻足进店的话，就会错过这个机会。

让人实时看着商品库存越来越少是另一种提示人们不要错失、

不要让自己后悔的方式。亚马逊一直都在使用这种策略。假如你准备在亚马逊上买一个皂液盒。你极有可能找出数百甚至数千种选择。哪个会抓住你的眼球呢？是在下方用红字标着"仅剩 6 件，欲购从速"这句话的那一个。它传达给你的信息是，如果你不尽快下手，就有可能失去买到它的机会了。

还有一些网站也会使用这个技巧。你登录过酒店预订网站缤客（Booking.com）吗？如果你在其上搜索一家圣迭戈的酒店，页面上列出的几家酒店都有剩余房间数的标注——所以你最好尽快完成预订。

亚马逊也好，缤客也好，它们都在用一种含蓄（或许也不算含蓄）的方式告诉你，如果你现在不买（或预订），你就有可能与它失之交臂，就这样让"最好的"选择从眼前消失。

寻宝心理

如果你曾踏足过一家 TJ Maxx 特卖商城，错失恐惧症会在不知不觉间对你起作用。这家折扣零售商会有意对上架的商品组合时不时地进行调整，确保在售商品总在变化，目的就是营造一种"淘宝"的心理。你不得不穿行在店中四处搜寻，在能买得到的时候买下你想买的东西，因为明天它就可能没有了。就好像你可以淘到一件宝一样，你同样可以错失一件宝。这就导致顾客在店里开始上演囤货与藏货的戏码。

囤货与藏货

不明白我所说的店内囤货与藏货是什么意思，对吧？让我们以时尚快消品领域的一些零售商为例，帮您更好地理解这一点。这些公司会通过很短的商品更新周期与有限的服装供应量有意对商品的可获得性造成限制。Zara（飒拉）与 H&M 使用的都是这种策略。[14]

大多数时尚快消品零售商采用的都是让库存商品在两周之内完成销售的计划。现有库存一旦售完，就再也没有了。就这么简单。如此一来，消费者就有了这样一种心理：如果现在不买下某件衣服，等到再回来时，那件衣服可能就不见了——就算他们只是走到了另一个陈列区、离开仅仅几分钟而已。正因为如此，消费者去浏览店里的其他库存商品时，总会把几件选好的商品一直随身带着，就算他们自己也不确定会不会把它们买下来；这就是所谓的店内囤货。这种囤货行为既是人们应对商品短缺风险的方式，也是减少错失焦虑的方式。

店内藏货的行为也是当人们害怕失去或感受到一件物品有得不到的风险时会出现的情况。故意藏东西的消费者会把商品藏在店里其他消费者不知道的地方，以便在他们决定回头来购买的时候它还在。这种做法增加了购买到心仪商品的概率，也是用来克服害怕损失的心理与避免因错过购买机会而产生懊悔的策略。

正如我们所了解到的，人们就稀缺物品而产生的错失恐惧症不是一件小事，因为害怕失去的感觉远胜过可能得到的喜悦。尽管这种害怕只是暂时的，但它也会影响我们的决定，包括购买决定。企业可以充分利用稀缺与错失恐惧症，但当这种意图太明显或被人看穿是一种销售策略时，它就有可能完全失去效果。我们在下一章对这个概念进行探讨。

本章要点

▶ 相比于得到的可能性，我们害怕失去的感受更为强烈。

▶ 短期折扣往往好于每日低价的效果。

▶ 相比于"冲动消费"，我们更加后悔的是"没有出手"。

▶ 我们极有可能马上会后悔当时为何没有立即购买。

▶ 善于有效利用人们害怕错失心理的企业都明白，最终一切都要落脚到如何准确地构建一个购买场景上。

▶ 让人实时看着商品库存越来越少是另一种提示人们不要错失、不要让自己后悔的方式。

第五章

稀缺也会失灵

2020年,南非《比勒陀利亚新闻报》的头版刊登了一篇题为《误入消费圈套,美容客户怒揭真相》的消费者观察文章。[1]一位名叫"拉妮娅"(非真名)的32岁女子向消费者监管部门讲述了她在一家当地医疗美容机构的经历。

拉妮娅患有脊柱侧弯症,患有此症的人脊柱会向侧面弯曲。她总对自己的身体状况感到难为情,因此去做了整形手术,但是留在身体上的凹坑让她难过。于是她决定试一试整形填充,并在附近的一家医疗美容机构找了一名医生。这名医生在这家美容机构的网站以及社交媒体网站上都有不少好评。拉妮娅向这名医生进行了一次线上咨询。按照拉妮娅的说法,这次咨询中医生既没有做检查,甚至也没问过具体的问题,比如她的体重或其他指标。

据说医生只是建议拉妮娅需要 18 小瓶 10 毫升的填充剂。拉妮娅还说，这名医生声称自己做这类治疗很多年了，而且唯一的风险就是会有些淤青。当拉妮娅问及相关风险时，据说医生向她保证这个过程绝对安全。拉妮娅回忆着，说医生紧接着还告诉她由于这里的医疗美容服务特别受欢迎，所以拉妮娅需要马上支付费用，确保她能够锁定 12 月假期内的预约。

拉妮娅解释说自己觉得不做这笔交易不太合适，因此当天就为这些填充药剂付了款。可是付款之后，她的预约一直没有得到确认，于是她很快意识到这笔交易完成得太仓促了。

拉妮娅打开谷歌去研究她所购买的填充剂有哪些潜在的风险，结果看到了一些发生感染与其他并发症的恐怖案例。她还了解到由于自己患有自身免疫性疾病，做填充手术会有更高的不良反应风险。了解这一切后，拉妮娅试着去取消预约，却被告知无法退款。最终，她得到的答复是，如果有别的病人购买了这些填充剂才可以给她退款。

《比勒陀利亚新闻报》上的这篇文章刊登后，有人联系了这家医疗美容机构，这名医生的答复是拉妮娅并没有被人催着做决定，而且其中的风险也已经如数告知。

不论她的话是否属实，或者说实际情况有可能介于两人描述的情况之间，拉妮娅确乎感受到了购买的紧迫性。她以为市场需求很旺盛，因为这家机构很受欢迎，因此她有可能会失去预约在假期进行填充手术的机会。稀缺是在这件事中起作用的根本原因。然而不论在广告还是言谈中，如果我们发觉稀缺只是一种销售伎俩，它反而会对我们如何看待一件产品或一个公司产生负面影响。

正如我们在前面几章中了解到的，稀缺是能够影响我们做决定的一个重大因素。企业与营销人士常常有意限制商品的供应量或商品可供购买的时间，由此来营造一种紧迫感，进一步增加销量。

在本章中，我们将探索稀缺在什么情况下会失灵，对一些没有妥善运用稀缺的情境加以关注。

人为制造的稀缺有什么问题？

开始之前，我们先来深入谈一谈人为稀缺。

当某件商品在足够满足市场需要的情况下被人为限制了供货数量，人为稀缺就出现了。人为稀缺还有可能意味着某种隐性限制。运用稀缺不可弄虚作假，也就是说稀缺的情况应是真实存在的。强调某个产品或服务的稀缺无可厚非，只要这个信息是真实的、有益的。这就出现了一个有趣的问题：如果一家公司或一个销售人员人为制造了稀缺，又会发生什么呢？回答这个问题前，我们不妨先来看看 20 世纪 90 年代太空玩具公司的豆豆娃（Beanie Babies）玩偶以及一些其他公司发生的事。

豆豆娃是由美国的玩具制造商太空玩具公司推出的一款用聚乙烯颗粒填充的动物玩偶，在 20 世纪 90 年代大受追捧，风靡一时。人们不仅把这些填充动物玩偶当作玩具来收集，还把它们当成了财务投资。有家店的豆豆娃预售订单超过了 1 万个，在麦当劳做活动的一款蒂尼熊豆豆娃原计划持续 5 周，结果 8100 万只"娃娃"在一周内销售一空。[2] 这股疯狂的豆豆娃热甚至催生了一本书，书中包括一些面对面的采访故事，比如有人因为一个这样的填充玩具杀死了一名同事，还有人收藏了太空玩具公司的 4 万件商品，与它们生活在一起。[3]

豆豆娃正是人为稀缺的一个经典案例。太空玩具公司通过定期淘汰旧款玩偶形象，不断推出新的玩偶角色来维持人们对豆豆娃的热情。这种做法为豆豆娃打开了一个转售市场，很多退役形象得以在网上以高价售出。曾经有一段时间，豆豆娃贡献了易贝上 10% 的销量，它的平均售价达到了 30 美元，6 倍于常规零售价。[4] 更让人大开眼界的是，一些豆豆娃的稀有款卖到了高达 6 位数的金额。

人们都认为这股"豆豆娃热"过一段时间就会自然冷却下来，可是在 1999 年秋天，也就是豆豆娃问世近 6 年的时候，太空玩具公司在网站上发布了一条消息："1999 年 12 月 31 日美国中部时间晚 11 时 59 分，所有豆豆娃将全部退役。"——这时候，豆豆娃的热潮正逐渐开始消退。[5] 这条消息发布之后，太空玩具公司一直对外守口如瓶，只字不提，围绕这条神秘消息的猜测开始甚嚣尘上。门店的销量开始被引爆，收藏网站上竞相拍出高价。一家门店称许多客户在门前排着长队等着店铺开门，一天之内销售出近 1000 只豆豆娃。[6]

人为制造的稀缺或许在太空玩具公司的豆豆娃身上起到了极好的效果，但它不一定对每家公司都有效。

比如说，时尚零售品牌 H&M 曾因销毁未经销售的衣服以达到去除富余库存、维持价格水平的目的而遭人诟病。事实上，纽约城市大学的一名学生曾发现过一包包全新的衣服被曼哈顿的 H&M 店丢弃、损毁。H&M 的一名发言人称这不是他们的常规做法，说这些衣服本来是要捐给慈善机构的。及至当时，这件事已经引起了很多媒体的关注，包括《纽约时报》。[7] 它伤害了客户对 H&M 的信任，也是一个公司被人为制造的稀缺反噬的例子。

难掩的意图

谈及企业与营销人员的说服力时，在消费者心理学界有一个概念——PKM（说服知识模型），常常被人提起。这个概念解决的是我们如何对劝说意图做出反应的问题。德国的一个研究团队做过一项有关 PKM 的研究。[8]

研究人员为一种名为"棒坚果"的虚构巧克力棒制作了一幅

广告，画面中是一个诱人的"棒坚果"被可可豆与榛果环绕的形象。广告中有四句配文：

"为可可种植者行善！

"为自己行善。

"巧克力的味道。

"富含坚果成分。"

广告底端的角落中还添加了一个公平贸易标签。

这幅广告被展示给了两组人员，所有受试者都需要完成一份调查问卷。在测试小组中，受试者除了看到这幅广告，还能看到这样一句说明："策略：通过在巧克力棒上使用公平贸易标签，营销人员希望能够增加巧克力棒的销量，由此增加他的收入。使用公平贸易标签的首要目的不是帮助种植可可的农民。"

从400多名受试者的问卷反馈来看，使用不公平、不恰当的说服策略会导致消费者对产品、品牌与广告商产生负面看法。研究结果还表明，反过来看，当说服策略让消费者感受到的是得体、公平与效率时，广告方就可能在最大程度上增加收入。

那么对于企业与营销人员来说，怎么样才能知道自己的营销信息在人们看来是得体、公平、有效果的？那就要确保你的信息是准确、真实的，与消费者所相信的东西是吻合的。

人们识别与理解一个劝说意图的能力始于8岁，自此之后这个能力会不断趋于成熟。上幼儿园或一年级的我们或许会全身心地相信电视广告中对某个最新款玩具与其热销情况的介绍，包括这个玩具比市面上其他玩具都好的心理暗示。我们或许会径直跑到父母身边央求他们马上陪自己去商店买下它。然而等我们过了8岁，我们开始对广告中的内容产生一些怀疑。上中学之后，我们对广告宣称的东西与销售策略已经有了相当程度的质疑。我们开始识别其中的劝说意图，并且有了自己的理解与认知。[9]

关于说服，我们有怎样的了解

根据PKM，作为消费者的我们会随着时间的推移逐渐掌握一些有关说服的知识，也会把这样的知识用于"应对"别人的劝说意图。这种说服知识对于我们决定如何应对营销活动至关重要，也能在一个人或一个企业试图说服我们做些什么的时候从多种层面给我们以帮助。它能让我们在劝说面前保持定力，做出自己的推断与预测。从广义上来说，是说服知识帮我们快速识别出别有用心的意图，让我们想好应对之策。

假设你要为慈善庆典活动买一件正式的衣服。你来到一家百货商场，试穿了第一件衣服，销售人员告诉你这件衣服特别适合你。对于他的说法，你会怎么想？你觉得他这么说是因为有自己的目的，还是果真如此？接下来，想象你在网上购物时，系统默认推荐的商品是最贵的一件，你会选择这件推荐商品还是再去挑选别的同类商品？

如何回答这些问题取决于你有没有动用自己的说服知识,以及用到了何种程度。[10] 你也许会从销售人员的赞美与网站默认的产品推荐中推断出几分其他心思。如果你觉得这些伎俩不合时宜或有摆布他人之嫌,你极有可能不会把销售人员的赞美当真,也不会选择默认推荐的商品。大多数关于说服知识的研究都表明,有说服的地方就总有怀疑,也就是说,这两个因素凑在一起,说明我们对销售人员或企业总有一些不利的看法。

为了更好地理解说服知识这个概念,我们不妨再来看一个实际案例。

我有一个客户,名叫内森。他自己开了一家咨询公司,已经运营了三年。幸运的是,公司的客户从最初的少数几个发展到后来近 15 个。他的公司不大,只有两名员工。在公司运营的前三年,他还能亲自处理公司的财务事宜。可是随着时间的推移,记账的工作负担占据了他越来越多运营与发展公司业务的时间,于是他决定找一名会计把这项工作接过去。

做出这个决定前的几个月,内森在领英上联系了一个名叫格雷格的人。他本人并不认识格雷格,但他们在领英上有很多共同关联的人,这让他觉得接受格雷格建立联系的请求是件顺理成章的事。等到内森开始寻找一名会计的时候，他不仅向业内的朋友寻求推荐，还在领英上有关联的人中搜寻，就这样找到了格雷格。内森花了些时间查看他的个人履历，还上网做了一番调查。查证结果令他满意，也打消了他内心对于格雷格是否具备所需经历的疑虑。于是内森决定联系格雷格。

他通过领英联系到了格雷格，简单说明了一下自己想找一个什么样的人。双方约好同一周内通过视频会议软件 Zoom 见面。内森带着自己事先准备好的问题清单拨进了视频会议，希望格雷格会是个合适的会计人选。会面开了个好头。内森介绍了自己的公司，又进一步详细地描述了自己需要一个什么样的人，格雷格也回应了自己能为内森提供什么样的支持。一切都很顺利……起初是这样的。

在视频会谈接近尾声的时候，格雷格谈及了薪酬。他报出了一个月度预付聘金的数字，但接着说道，如果内森承诺能在当天与他签合同，他会给内森打一个 7.5 折的特别折扣，但如果当天不能确认，他会坚持一开始报出的酬金。内森足足吃了一惊，因为他并不想马上做这个决定。他很客气地告诉对方，自己需要更多的时间考虑，无法马上承诺他。格雷格回应说，他可以把时限放宽到 24 小时内。

视频会议结束后，内森开始对格雷格有了非常不好的看法。他已经明确告诉格雷格自己需要更多时间考虑，为什么对方还会给自己施压？第二天，内森给格雷格发去邮件拒绝了他。格雷格回复邮件，给出了另一个报价，但还在上面加了一个时间限制。内森还是没有接受。那个时候，他对格雷格已经没有什么好感了，而且他也不喜欢对方用给他施压的销售伎俩来应聘自己的会计职位。

在 PKM 的概念中，当意识到有人在试图说服我们时，我们会考虑对方的方式方法是否妥当。在格雷格与内森的事情上，内森已经在有意无意间认定了格雷格试图通过那样的销售技巧赢得这个会计职位是种不恰当的行为。内森依靠的是自己的主题知识（例如他在过去与会计共事的经历）。

我们对代理（比如企业、销售人员、营销人员或其他说服信息的传递者）的特征、目的以及专业程度会形成某种认知。[11] 这些认知中包括我们对营销人员、品牌以及销售人员的大致看法。比如说，我们也许会刻板地认定销售人员有某种行为套路。我们甚至可能对品牌也有一些刻板印象，比如认为名气更大的品牌有更好的产品。我们还会对一个人形成自己的看法。比如说，你也许每次都会从同一家店的同一名销售人员那里购买家用电器，因为你对这一切轻车熟路。你们此前的合作经历让你对那名销售人员的诚信度、可靠度以及产品知识有所了解。这些信息都积累成了说服你的知识。

我们来看从同一家店、同一名销售人员处购买家电的情景。

如果你想在店里买一台全新的洗衣机,基于对品牌的信任程度,你可能已经对各种可供选择的品牌有了一些决断。你也许已经对洗衣机的不同功能有所了解。所以当你走进家电商场的时候,大概率你已经具备了相关的主题知识(你信任的品牌以及想要的功能),也会在购买新洗衣机的时候借鉴这些知识。

说服在人们眼中未见得是件坏事

人在面对各种说服企图时大多数情况下都调动了自己的说服知识,但这并不意味着你真的会想:"好了,我要开始使用我的说服知识了!"它就是一个自然而然的过程。但是从企业的角度来说,对于各种说服手法会给说服对象带来什么样的感受,简单了解一下都是一件对企业大有助益的事。那么应当怎么做呢?实际上有一些不同的方式。

首先,掌握一些说服知识能够帮助企业避免过于明显地使用一些不太恰当的销售技巧,以免吓跑客户。其次,这些知识有助于企业判断是否需要更多时间与客户建立信任(例如改善客户对销售人员或品牌的看法)。再次,如果你了解说服知识,你就会意识到花式的恭维、夸张的反问、明显的植入广告、失之偏颇的信息来源、默认推荐的昂贵商品、拉踩式的广告内容等都会激活人的说服知识,让人心生戒备。[12] 在上述每一种情况中,如果劝说的内容没有得到认同,人对产品或服务的购买意愿反而有可能下降，甚至会对这项产品或服务的代理机构采取一些"惩罚性"措施，比如在社交媒体上发布负面信息或留下差评。

话虽如此，但它并不意味着人们一定会把说服当成一件坏事。正如前文所述，事实上在某些情形下，我们认为说服是对我们有利的事。我们也许会质疑一名销售人员或营销人员是否语出真心，但我们也会考虑他们的专业能力或他们可为我们提供的帮助。如果在交流的过程中对方提供了专业的信息，并且我们觉得对方既可靠又懂行，那么我们即使明知自己被营销了，也有可能愿意在对方的劝说下购买产品或服务。

需要铭记的一点是，就算某个信息在别人看来具有说服的性质，如果公司已经采取措施建立了信任，那么说服的结果有可能是客户与企业都从中受益了。要做到这一点，一种方式是要确保推广与促销活动能够让双方都获得满意的交换，也就是说客户得到了自己想要的东西，觉得获得了公平的对待，而企业也以合理的价格实现了销售。另一种有可能让说服行为奏效的方式是企业把重点放在建立长期客户关系、改进客户体验以及兑现自己的承诺上。

明显的销售技巧与真正的稀缺

再过几天，达拉斯即将进入 8 月，上午 11 点的温度已经高达 32 摄氏度。不过这样的天气并没有阻止我的同事保罗去兑现他的承诺——带他十几岁的儿子马克去买车。马克只有 15 岁，离下一次生日还有 6 个月的时间。此前保罗与他的太太都同意，只要马克能为自己买车存下 1000 美元，他们会在马克满 16 岁的时候帮他买一辆车。保罗与马克开车进了一家经销店，下车的一瞬间就被裹进了滚滚的热浪。很快两人就开始出汗了，但依然决定去看看车。

他们在停车场中四处溜达，保罗突然意识到场院中只有稀稀拉拉的少量库存车，场地空着一半，而且二手车比新车的数量要多。就在他们停下来查看其中一辆车时，一位名叫杰克的销售员走了过来。保罗马上告诉杰克，他们 6 个月以后才会买车，所以不想耽误杰克的时间，这一天过来只是想看一看到时候买哪个车型。杰克耸耸肩，说他那天早上已经卖出了两辆车，完成了当天的销售任务，所以并不介意陪两位看看车、解答他们的问题。他也的确这么做了。杰克解答了一些有关车辆配置的具体问题之后，保罗最后抛出了脑中那个大大的问号。车辆库存为什么这么低？新车都去哪儿了？

杰克解释说由于日本的一家芯片供应商着了火，全球的汽车制造商在生产上都受到了影响。这件事在很多新闻媒体上都有过报道，包括英国广播公司（BBC）、《华尔街日报》以及美国全国广播公司财经频道（CNBC）。火灾发生之际，正值汽车生产遭遇芯片短缺的艰难时期，而全球 30% 的车用微控制器是由着火的这家芯片生产厂负责供应的。[13] 这场火无疑让局面雪上加霜。这家芯片公司预计至少在 100 天以后才能让产能恢复正常。在此期间，很多订单恐怕都无法履行。

事实就摆在眼前，可供选择的车源极其有限。保罗以为接下来会是这样的情形：杰克会小心地鼓动保罗，如果想买，就应该现在下手，因为货源很紧缺。他知道那种紧迫感会成为杰克当天拿下这笔生意的切入角度。然而这一切并没有发生。相反，杰克非常坦诚地建议保罗与马克，如果不着急买车的话，不妨再等一等。汽车厂商近期的产能有所恢复，正在全力生产，不久就会有足够的库存供客户选购。

杰克的坦诚令保罗深感意外，也让他觉得杰克是个值得相信的人。他要了杰克的名片，并对他表示了感谢。6 个月之后，保罗和马克与杰克约了一个时间再次去看车，果然如杰克所料，库存回到了正常水平。他们选了一辆心仪的车，杰克也拿下了这单生意——同时拿下的当然还有佣金。

试想如果这个故事的走向发生一些变化，杰克给保罗与马克施加一点"现在就买"的压力。如果杰克这么做了，并且不告诉保罗生产厂即将恢复产能的消息，他就有可能打破保罗与马克对他的信任。他们会对杰克的动机产生怀疑，也会觉得杰克的话不过是一种劝说的伎俩。这样一来，杰克还能实现这笔销售吗？或许吧，但这一切将取决于保罗与马克如何看待杰克与他们之间的互动。

把稀缺当成一种销售技巧，反而会弄巧成拙。消费者希望能够去相信某个销售员或品牌，这种信任一旦被破坏，会在很长时间内让人难以对这家公司产生好印象。无法对所谓的稀缺自圆其说、没有一个良好的企业声誉、把稀缺当成噱头过度使用，都会导致稀缺沦为人们眼中的销售伎俩。

如果实际情况与声称的稀缺并不相符

企业传达出的消息必须是前后一致的。也就是说，如果声称是限时活动，那么活动就应该只限于几小时、几天或几周内；如果宣称库存有限，那么库存必须真的只有一定数量。

我的一名学生埃丽卡讲述了一段在网上购买美容产品的经历。她买了一件自从在照片墙的广告中见到以后就一直关注的限量版美容产品。下单购买的那天晚上，这家美容产品公司在这个产品下方用显眼的红字标示了"仅剩 1 件"的字样。机不可失，失不再来啊。出于好奇，埃丽卡买完之后刷新了一下浏览器上的那个产品页面。就当以为自己会看到"已售罄"的字样时，她却发现信息中标注的是"仅剩 3 件"。这种情形一下子激发了埃丽卡一探究竟的动力。她已经买走了最后一件，怎么还会有更多的产品可售？也许是这个购买网站的系统出了故障，也许是有人退了货，她暗自思忖着。埃丽卡登上了这家公司的推特账号去看有没有关于这件限量款美容产品售罄的相关评论，结果发现有几个人问到这款产品是否有货时，公司每次给出的答案都是仅剩为数不多的几件了，而这些问题的提出前后相隔了两周以上。埃丽卡由此认定所谓缺货的情况都是假的，她也发誓再也不会从这家公司购买任何东西。埃丽卡的这段经历可以用一个专业术语来概括：稀缺失验。

企业提供给我们的信息与其宣称的稀缺不符，就会出现稀缺失验的现象，它对企业具有极大的损害。在上面的例子中，这家购物网站宣传的是"数量有限"，但这与客户在网站上看到的实际情况却不相符。如果一家商店声称某个商品库存告急，但货架上却满满当当，稀缺就没有得到验证。同理，如果一家公司宣传的专属会员资格实际上是向所有人开放，稀缺也就不存在了。在这两种情形下，企业的声誉会遭到破坏，而且有时再无挽回的余地。为什么呢？因为身为消费者的我们不再相信一家公司时，会把这种感受与别人分享，由此可能会对该企业造成具大且负面的影响。

在埃丽卡的故事中，宣称的稀缺与她刷新网页后在网站上看到的信息不一致，与她在社交媒体上看到的内容也不一致。弄清楚这件事后，她马上把这家公司令人恼火的行为在红迪网（Reddit）上发布了出去。这篇帖子有很多其他客户留言点评，引起了不小的关注。虽然埃丽卡的帖子会在多大程度上影响客户从这家公司购买产品的决定犹未可知，但它还是对公司的声誉造成了一些负面影响。

品牌的声誉

我们与一家企业的每一次经历都会影响我们对它的看法。如果我们有被人摆布的感觉，或是觉得受到了欺骗，我们不仅不会买这家公司的产品，还会提醒其他消费者也不要去购买。对于一家企业来说，如果你的客户觉得你以某种方式戏弄了他，你损失的不仅是一笔买卖，还有你的可信度与声誉。

我的朋友斯科特给我讲了一件事，告诉我一次网上促销活动的机会是如何让他彻底对一家公司失去了信任的。他在谷歌搜索中找到了一个网站，准备在这里买一个背包。这个网站对他来说并不熟悉，吸引他的是网站上的 7.5 折促销活动。斯科特花 20 分钟仔细阅读了这个网站中各种背包的说明，从中选择了最符合自己要求的一款。他把这只包放入了购物车，完成了一系列下单前的操作，一直到需要录入促销码的那一步。这时他把 7.5 折优惠券的促销码录入并点击了"应用"。出乎意料的是，一行红色的错误提示信息出现了，称这张优惠券不适用于他所购买的商品。于是他返回重新查看优惠券上的细则，发现被排除出优惠券使用范围的品牌清单异常长，其中包括他选择的那个背包品牌。他觉得自己被这家公司耍了，决定放弃这次购买。最后他找了另一家购物网站，这家网站同样提供了一定的折扣，但没有冗长的品牌限制清单。斯科特把这件事讲给我时，讲述的其实是那家电子商务公司如何寒了他的心，鄙视之情溢于言表。

总之，企业的声誉也会影响我们是否相信公司所宣传的稀缺消息。如果一家公司信誉度不高，它所推销的产品或服务是否真的稀缺并不重要，因为无论真假，我们都不会相信它。如果这家公司频繁地把同一个稀缺信息当作噱头反复使用，我们也不会相信它，这时我们会觉得稀缺被人当成了摆布客户的把戏。

促销的频率

另一个明显属于销售技巧、需要小心谨慎使用的东西就是促销的频率。我们接下来要讲的例子发生在一个生活在南加利福尼亚、名叫米娅的年轻姑娘身上。虽然她年仅 17 岁，但大家都说她是一个靠谱的年轻人。她放学后会去做兼职，学习成绩也很好。她甚至为自己上大学攒了一些钱。7 月的一个下午，米娅和朋友们一起去拉古纳海滩玩。在海滩上坐了几小时之后，几个年轻人走进附近的一家商店去吃午餐，顺便逛一逛。让米娅又惊又喜的是，这里新开了一家店，所有商品全部打 5 折。有标语提示说这只是一次"限时"活动，但似乎忘了把具体的起止时间告知众人。

但无所谓，米娅有种紧迫感，觉得一定要趁着促销活动买一些衣服——事实上，是一大堆衣服。结果是米娅在几小时的时间内花掉了自己一周左右的薪水。虽然内心有些许负罪感，但她觉得买这些东西说得过去，因为这个价格是"限时"的。

接下来的一周中，米娅某天与朋友在海边玩了一早上之后再次溜达到拉古纳海滩的商店中。令人意外的是，那个促销活动还在进行。米娅又感受到了同样的紧迫感与购买冲动。这一次，她不得不动用了一部分此前为上大学攒下的钱。同样，考虑到这是"限时"促销，她还是觉得自己的购买决定有道理。直到两周之后，她才注意到同样的折扣活动还在这家店中继续进行着。米娅用昂贵的代价学到了一个教训：在这件事中，"折扣"的真正意思是所有这些衣服的价格全被标高了，然后再通过折扣降下来而已。她为自己被这种销售伎俩蒙蔽而感到失望，自此再也没有光顾过那家店。事实上，她告诉了身边每一个认识的人，她对这家店的"操纵手段"（用她自己的话说）非常了解。她对自己感到的是失望，而这家店失去的却是销售的可能与长期的顾客。这是一个滥用稀缺，结果反为其所伤的生动例子。

当我们频繁地被某家公司关于某种销售限制的广告信息——促销限制、数量限制、款式限制轰炸，我们会发现所谓的稀缺并不是真的，尤其是当这样的广告一做就是好几年时。举个例子，人们都对黑安格斯牛排馆推出的双人套餐券十分熟悉。与其他优惠券一样，这个双人套餐券也有一个明确的有效期。可是这家牛排馆常年推出类似的促销活动，以至于客户总会等待下一次优惠券的发放。这种稀缺，或者说限时优惠，会让人觉得没有多么特别。一个促销活动的使用过于频繁，会给公司造成一些意外的后果。

事实上，有关稀缺性与频繁性的研究表明，促销频率较高的公司在人们眼中的参考价往往比较低。[14] 在黑安格斯牛排馆的例子中，类似于双人套餐券这样的促销活动会带来的一个风险是，客户会把折后价当成一顿正常用餐的参考价格。在他们看来，一餐的价格应该是 49.98 美元，而不是 66 美元。有一组研究人员对顾客进行了深入的采访，发现人们会对卖家的价格促销与长期促销模式做出推测，这些推测会影响顾客对一个品牌的了解与预期。[15]

除了促销频率，促销活动中的折扣力度也会对销售造成影响。一项研究发现，顾客会通过价格促销模式对一个品牌或产品做出推断。[16] 研究结果表明，客户相信更高、更稳定的价格是品质过硬的体现，而超低折扣表现出的则是一个品牌或产品或许存在某些问题。因此，以稀缺为由的促销活动虽然是一种有效的手段，但避免滥用、避免过低折扣对于获得长期的成功来讲也非常重要。

我们需要考虑的另一件事是稀缺是否对每个人都有效。在接下来的几章中，我们会深入探讨稀缺的不同类型以及它们对应的适用人群。不过在此之前，还有一个影响消费者对稀缺的敏感性的因素需要考虑，那就是年龄。

客户的年龄

我们已经深入研究了稀缺是如何对我们的决策过程与购买行为造成影响的，然而稀缺对每一个人的影响程度并不相同。年龄会极大地影响我们对产品或服务释放出的稀缺信号所做出的反应。因此，在运用稀缺之前，目标客户群的年龄是必须提前评估的——特别是不同人群追求的目标以及做决定的动机。

年事越高，人对余生所剩的时光就越敏感。因此老年（65岁及以上）消费者通常不像年轻人一样关注未来，也不太在意有争抢性质的目标。[17] 相反，他们把注意力转到了具有情感意义的事物上，比如维系与亲朋好友的关系、珍惜当下的每时每刻、追求积极的人生体验等。随着年龄的增长，发生变化的不仅是人所追求的目标，还有处理信息与做出决定的方式。[18]

当消费者年龄渐长，他们处理信息的方式开始与年轻时不一样了。通常来说，他们所处的社会环境变了，比如不再像从前一样做全职工作，身边往来的是工作伙伴，他们的社会圈子变小了。此外，他们选择媒体的模式也有所变化，从前是基于娱乐需要选择媒体，现在则更加重视信息的价值。他们做决定的时候更加谨慎，而且相比于年轻消费者，他们倾向于在信息处理上花更多时间。有实验证明，把更多时间花在信息处理上并不只是出于偏好，而是出于必要。[19] 随着年龄的增长，我们处理信息的速度在变慢——我们仍然可以解读信息、做出决定，但无法像年轻时一样快速地做到这一切，我们需要更多时间。因此，我们会采取一些策略来帮助自己。

由于老年消费者相比于年轻时的自己处理起信息来更困难，因此他们会依赖于自己的经验。这一点体现在他们对品牌或是产品的忠诚度上。年龄越大，他们对品牌的忠诚度就越高，而且不会因为别的东西出现短缺就有所动摇。实际上，如果他们对一个产品非常满意，以后也会一直购买那件同款产品。[20]

2021 年一份针对不同代际的人在品牌忠诚度与尝试新产品的可能性上所做的问卷调查也佐证了这个观点。调查结果显示，49% 的 Z 世代①称，如果喜欢一件商品，他们会反复回购，而在出生年代越靠前的人中，这一比例会有越明显的增长。比如说，

---

① Z 世代是指 1995 年至 2009 年出生的一代人。——译者注

50%的千禧一代①，67%的X世代②以及75%的婴儿潮一代③称自己会重复购买同款产品。[21]

除了经验，年长的消费者在做购买决定的时候还会用到其他策略。[22] 比如想办法应对有限的认知资源与信息量。举例来说，他们会快速排除掉尽可能多的选择来减少信息过载量。[23] 如果他们发现一个产品有让人不满意的地方（比如它很稀缺），那么这一点就会成为他们不再把这个产品纳入考虑范围的一个原因。[24] 从市场营销的角度来说，除非稀缺信息对年长的消费者如何做决定有直接影响，否则他们很难被稀缺信息左右。

谈到广告，那些更容易让年长的消费者回想起的广告语大多与人能够获得的情感回馈有关，而非提供了其他形式的回馈。一项研究发现，对于同一款相机广告而言，年龄大一点的人更喜欢的广告语是"捕捉那些特殊的时刻"，而不是"捕捉一个等待探索的世界"。[25] 因此，假如一个产品面向的是老年群体，以三周的欧洲游轮旅行为例，最好不要从房间即将被订光或游轮的独享体验等方面去强化稀缺信息。相反，突出老年游客在游轮上的体验以及即将留下的美好回忆才是更好的做法。在绝大多数情况下，这些消费者根本不在乎这件事稀缺与否，而过于明显的促销意图

---

① 千禧一代是指出生于20世纪，但在21世纪（即2000年）以后才达到成年年龄的一代人。——译者注
② X世代是指1965年至1980年出生的一代人。——译者注
③ 婴儿潮一代是指二战结束后，1946年初至1964年底出生的人。——译者注

反而会让他们失去兴趣。

正如本章中的各种研究以及我们从其他公司身上汲取的各种教训所示，如果稀缺是编造出来的，或明显被当成了一种销售技巧来使用，反而会令客户敬而远之。企业把稀缺搬出来的时候一定要保证它是真实的、前后一致的，若非如此，企业不仅可能失去生意，还有可能声誉受损。

在接下来的几章中，我们将对稀缺的具体类别以及如何有效、有德地使用它们进行探讨。

本章要点

- 当某件商品在足够满足市场需要的情况下被人为限制了供货数量，人为稀缺就出现了。人为稀缺还有可能意味着某种隐性限制。

- 把稀缺当成一种销售技巧，反而会弄巧成拙。消费者希望能去相信某个销售员或品牌。

- 企业提供给我们的信息与其宣称的稀缺不符，就会出现稀缺失验的现象，它对企业具有极大的损害。

- 强调某个产品或服务的稀缺无可厚非，只要稀缺信息是真实、有益的。

- 年龄会极大地影响我们对产品或服务释放出的稀缺信号所做出的反应，当稀缺被用于营销时，这一点需要得到考虑。

第二部分

稀缺策略应用

第六章

"时间不多啦！"

《看看是谁回来啦！麦当劳三叶草奶昔携新春第一抹绿重磅回归》，这是 2021 年一个新闻头条的标题。[1] 每一年，麦当劳这款限时上市的绿色奶昔都会在人们的翘首等待中把客户的期望值拉满，带着"春风又绿江南岸"的好彩头，这款产品已被人奉为经典传奇，备受追捧。1967 年，康涅狄格州一家麦当劳的店主及经营者哈尔·罗森（Hal Rosen）为庆祝圣帕特里克节构想出了这款菜单产品，它一经问世就在全球一炮而红，部分收益于 1974 年还用来资助成立了首家"麦当劳叔叔之家慈善机构"。

三叶草奶昔缘何能在问世以来的近 50 年间一直热度不减？毫无疑问，这款季节性饮品的成功离不开其本身的口感与营销力度，但这些都不是把这款产品推上传奇地位的因素。我们应该感谢的是限时类的稀缺策略。

在麦当劳工作了 41 年、现已退休的前全球营销高级副总裁迪恩·巴雷特（Dean Barrett）在与我的一次谈话中向我解释了麦当劳如何通过限时供应的产品与客户形成互动，并在此过程中培育自己的品牌亲和力与客户忠诚度。

过去 60 年间，麦当劳总会把事情做得有趣又刺激，它非常善于在人们的生活方式与周遭事物相关的事情上开创某种风潮，无论是在一款食物（比如三叶草奶昔）上做文章，还是捆绑全球范围内各类体育赛事以及重大电影发布等大型活动进行限时推广。寻找机会向客户推出限时产品已经成为它品牌文化的一部分。它通过限时产品给客户提供各种惊喜与乐趣。"通过这种做法，我想麦当劳赢得了更高的品牌忠诚度，也吸引了更多的回头客。我也相信麦当劳正是通过这种方式为自己在长期建立起了更为深厚、牢固的客户关系。"巴雷特如是说。

对于这家公司来说，推出限时产品不是为了头脑一热想看看"我能卖出多少钱"，而是要解决"怎样才能把客户与这个品牌关联起来，形成一种品牌文化"的问题。这种做法形成了持续的品牌亲和力，把客户的生活与之关联起来，让麦当劳打造出一个个带有自身文化烙印的时刻。

麦当劳的限时产品是有意为之，它们都是公司以客户当下的需求或以前渴望得到的东西为基础而推出的。如果前一款限时产品受到广大客户的欢迎，麦当劳就会考虑让它返场，很多情况下会一次次让这款产品回归，只不过在销售一段时间以后还会把它撤走，以便日后能够继续给客户带去惊喜，甚至带去一些乐趣（提示：还记得第一章中的猪排堡的粉丝吗？）。从某种程度上说，这种在市场上神出鬼没的产品投放让粉丝常常怀有一种寻宝的心情。

在巴雷特看来："我相信，正是因为产品长年在市场上时有时无，麦当劳才能够创造出长久的品牌亲和力与品牌实力。"而且人人都能在其中找到一点乐子。这让客户不停地猜测猪排堡、最喜欢的麦乐鸡口味或三叶草奶昔这样的产品什么时候会上市供应，甚至会要求麦当劳这么做。

即使一家企业没有像麦当劳一样有充足的市场营销预算，也可以在自己的产品与服务上运用同样的原则。比如把某个产品或服务套系作为限时供应，只在一年中的某些特定时段推出。你喜欢秋天吗？那么我们用限时供应的南瓜系列满足你对秋天的一切想象。

通过时间限制创造稀缺

"现在注册仅需 1 美元，活动即将结束！"这是我家附近一个健身房停车场的广告牌上写的一句话，也是时间压力能够促进销售的一个完美例证。

正如限制数量能够导致稀缺，限制时间也可以。亚马逊的特惠秒杀活动运用的就是这种策略。你不仅可以看到被其他买家收入囊中的折扣商品数量，还能看到页面上的倒计时器向你展示再过几小时或几分钟折扣活动即将结束……永远结束。

限时类的稀缺用于非炫耀性商品时效果最好，也就是那些具有某种实用性或好处、不为用来彰显地位与财富的商品，比如铝箔纸、微波炉、牙膏等均属于这类商品。可就算是对于这种再普通不过的商品，我们的大脑在意识到限时稀缺的存在时仍然会活跃起来。

在紧迫的时间下

研究表明，当我们感受到做决定的紧迫性时，我们能够处理的信息量会减少，于是会把关注点聚焦在能够快速、轻松做出评估的事物特征上。[2] 当人们觉得完成一件事的时间不够充裕时，压力就会悄然而至。想想上一次你在时间压力下完成一个项目的感觉，或者回想上学时你要抢在最后一分钟完成作业的情形。我们在这些情况下都会感受到某种程度的压力，包括限时促销的情形。

当我们察觉出时间的紧迫时，由此而来的压力会影响我们的决策。研究表明，消费者对于促销活动的截止时间非常敏感，这种时间压力会增强人们购买促销商品或服务的意愿。[3] 当人们想到那件商品的价格不久之后将回升时，尤其如此。觉得价格会上升时，我们立刻就会出手购买。反过来说，当觉得价格会下降时，我们会等着促销活动出现。[4] 这就是瑞恩囤了一堆除臭剂的原因。当他从商店带回来的不是一支除臭剂，而是 10 支的时候，他的妻子忍不住问他到底是怎么想的。瑞恩轻巧地解释说："除臭剂降价了 20%。我不知道什么时候还会有这样的促销活动，所以决定买 10 支。"

面对限时促销活动时，我们要经历的情形是这样的。

我们会跳过正常情况下做出购买决定的一些步骤。还记得前文中我们谈到过的心理捷径吗？它同样适用于出现时间压力的情形。我们会停止寻找能够帮我们决定买或不买的额外信息。其他同类商品与交易情况的相关信息也不会再进入我们的视野范围，因为我们不再搜寻了。[5] 相反，我们会觉得即刻完成那笔交易似乎迫在眉睫。这对于企业来说是件好事。对于我们消费者来说，我们不仅加快了购买进程，还摆脱了其他竞品的信息包围，把注意力放在某个特定的公司或产品上。这对于市场营销人员来说是一个双赢的局面。

不必形成竞争局面

与火爆的需求造成的稀缺不同,在时间造成的稀缺中,社会暗示不会产生明显的效果。消费者之间不是为了在稀缺商品售罄之前进行抢购的竞争关系。如果稀缺是由供应不足造成的,只要有一名客户购买了那件稀缺商品,可供其他客户购买的数量就会减少。与此不同的是,在限时导致的稀缺情况下,客户只需在促销截止时间前完成购买就算"赢了"。[6] 实际上,消费者并非在与其他人竞争,而是在与时间竞争。因此,在营销信息中体现"即将售罄"之类的社会心理暗示并不会奏效。避免采用暗示性线索,用简单清晰的促销信息明确截止日期与活动后恢复价格对企业来说效果更好。[7]

限时活动可以有多种形式

与时间限制相关的稀缺可以有多种形式——限期供应、闪购、倒计时、优惠券。只要运用得当,以上每一种技巧都行之有效。让我们逐一进行深入解读。

限期供应

下面两个都是餐饮行业限期供应的例子,但并不是只有餐馆可以使用限时折扣的做法。

> ### BJ's 餐厅的黄金肋条特色菜
>
> BJ's 餐厅是一家上市公司，在全球拥有近 200 家门店。这家餐厅常常通过限期供应菜品与限时折扣活动来促销。以黄金肋条特色菜为例。BJ's 餐厅对这款特色菜的定位如下："仅限时供应，需要促销码，数量有限。"[8] 要使这个稀缺信息起作用，还有一些事情必须解决，其中每一件事都有心理学研究依据。
>
> 要想让这款菜品的活动方案获得成功，最重要的是遵循一些指导原则，我们来一条条看。
>
> 第一，它的限时折扣不应与近期的其他促销活动雷同，即 BJ's 餐厅不应把黄金肋条特色菜的促销活动照搬到其他菜品上。
>
> 第二，它的促销方案必须有明确的操作原则，并且必须得到执行。在促销信息中，餐馆提供了使用的具体细节，包括这款菜品仅在周五与周六下午 4 点之后以及周日全天供应。
>
> 第三，客户必须有多次接触到相关稀缺信息的机会。BJ's 会在自己的网站、社交媒体账号以及餐馆内推广这款特色菜。

BJ's 餐厅提供的这类限时供应方案成功了吗？从这家餐厅的股价与营收来看，这些方案应当是奏效的。餐厅的营收额每年都在攀升。

南瓜丝绒拿铁：季节性限时饮品之王

星巴克惯用限时稀缺属性来刺激销量。想想已经培育起一个粉丝客户基盘的南瓜丝绒拿铁饮品，每年都能引得客户焦急地等待它上市。（注：星巴克还为它注册了名为"PSL"的商标！）PSL 是公认的星巴克最受欢迎、最经典的季节性饮品。按照一名从星巴克还是一家小型区域性连锁咖啡店时就供职于此、一干就是 20 年的员工蒂姆·克恩的说法，PSL 当时差点没能入选到菜单中。"当时我们很多人都觉得这款饮品中咖啡的味道完全被其他口味盖过，不能很好地体现星巴克咖啡的特点。"克恩是这么解释的。[9]

让我们把时间的指针往回拨转，看看 PSL 是如何问世的。

星巴克负责选品的团队经过一番头脑风暴后想出了 10 种产品，然后请客户来试饮，这款南瓜味饮品的排名居中。当时市面上还没有任何南瓜味的饮品。于是团队决定顺着南瓜的思路走下去，在一个配有南瓜派等全套感恩节相关产品的

"液体实验室"中去开发一种有秋天的感觉的饮品,当时还是1月中旬。[10]公司试验了多款与秋天有关的口味,最后决定采用一个实际上不含一丝南瓜的配方(正式声明,这款饮品中没有丝毫南瓜的成分),但是用"南瓜丝绒拿铁"给它命了名。

2002年,星巴克在温哥华与华盛顿试着推出了PSL。一周之内,PSL的销量暴增,完全超过了最初的预期。[11]星巴克为了让库存跟上节奏,忙得不可开交。自PSL上市以来,这款产品在10年间几乎售出了2亿杯。[12]截至2019年,全球销量已达4.24亿杯。[13]

这款差一点没能登陆市场的饮品一跃成为季节性限时饮品之王,还掀起了南瓜丝绒的追逐浪潮。人们对PSL的狂热追捧正是限时供应带来稀缺感受的一个典型例子。这款饮品每年只在一段有限的时期内供应,因此客户知道自己必须在产品下架之前有所行动。其中还存在一种从众效应,我们会在第九章对此进行探讨。PSL的热卖导致我们也想去凑这个热闹,纷纷加入这场狂欢。

销售PSL的做法在星巴克并不鲜见。就连非饮品类的产品也会有限量版或限时款,同样也会被抢购一空。例如每年推出的可重复使用的假日杯,这些时髦的杯子每年会在11月掀起一阵狂潮。ABC7.com 的一篇头条报道用《注意啦，红杯粉丝们！在星巴克免费获取可重复使用的假日杯攻略在此》这样的标题深深抓住了星巴克爱好者的兴奋点。通常购买一杯假日饮品就可以获赠这样一个可重复使用的杯子。2021 年 ABC7 的文章提醒粉丝们，星巴克免费赠杯子的活动仅限一天，传达出了它既是限量款，又是限时机会的信息。[14]

闪购

2021 年 9 月 1 日，Adgully 新闻网挂出标题为《五天闪购重磅推出，亚斯岛度假最高节省 60%》的头版新闻。[15] 亚斯岛（位于阿布扎比）以闪购的形式为当地寻找度假胜地的客户推出了一个限时活动。这个活动包括低至 4 折的度假套餐以及低至 5 折的主题公园与阿布扎比冒险公园 CLYMB 的单日门票。

类似亚斯岛这样的闪购活动已经成为许多企业快速增加营业额的一种常见手段，酒店行业也是如此。我把闪购定义为一种在非常短的时间范围内对某种特定商品推出的促销活动。有一项由 46 名酒店管理人员参与采访的研究表明，闪购最常用在酒店最有需要的时期。[16] 组织过闪购活动的经理人都提到过这种营销手法在销量低迷的时期最为有效。据他们所说，每次在这种情况下，闪购都能成为用来填满空置客房的一种办法。因此管理人员会通过这些短期降价的方式解决酒店收益不稳定的问题。不过除了去库存与营收管理的需要,闪购还能带来其他好处。

闪购有利于提升品牌营销效果,改善客户关系。实际上大多数受访者都谈到过闪购活动增加了酒店的曝光度与广告投放,因此对品牌推广大有助益。举例来说,当一个闪购活动的宣传邮件被群发之时,有关这家酒店的信息就会进入数千名潜在客户的收件箱,由此增加品牌的存在感。其中一名受访者是佛罗里达州萨拉索塔市一家高档酒店的总经理,他对这种品牌宣传方式做了很好的解释:"事实证明,有必要在一个较大的市场中增加品牌的曝光度。也就是说,有很多人……即使没有从你这里买过什么,但通过邮箱收到了你的酒店名称与地址。而且一定也会有很多人或许听说过萨拉索塔这个地方,但并不知道这里有哪些酒店,而我们酒店的名字就出现在邮件里。这样一来,万一将来有需要,他们可能会想到去查找我们的酒店。"[17]

航空公司也会采用类似的闪购策略。福克斯新闻曾在2011年报道过一个故事,采访了航空公司中一名匿名的收益经理。每家航空公司都会聘用一个收益经理团队,由他们负责根据航线、季节、需求、供应以及其他变量因素调整一天中的票价,让利润达到最大化。尽管机票不常会打着闪购的旗号进行售卖,但调价的方式却符合闪购策略的逻辑。航空公司通过电脑系统与算法来决定提供的价格、调价的时间间隔以及每档价格下的销售数量。

这名匿名收益经理是这样向福克斯新闻进行说明的：

> 电脑知道怎么做，它会以很低的价格释放（比如说）5个座位，其后有10个座位价格略高一些，然后再有20个座位的价格更高一点。这样一来，在机舱座位填满的过程中，收益可以做到最大化。在一个满座的航班上，我们不会再给出低廉的票价，因为电脑会根据供需变化对票价进行调整，直到到达起飞时间。但是作为一名收益经理，我可以根据电脑可能不知道的一些情况去调整价格。比如目的地是否有特别的活动发生，比如出发机场的条件是否允许飞机在更多空置座位的情况下起飞，比如天气条件。[18]

与酒店经理一样，航空公司的收益经理也会通过短期降价的方式刺激易损商品的销量。不过闪购不仅对酒店业与航空业有益，许多其他公司也从这种形式的限时活动中得到了好处。J. Crew品牌通过一种特定的折扣码推出过一个为期一天的闪购活动，部分商品低至4折。[19] 科尔士百货公司定期向会员提供折扣活动，比如"折上再降20%，仅限今天"。百思买会向邮箱注册会员提供"快闪"折扣。亚马逊经常推出"限时抢购"活动。1号码头家具公司（Pier One Imports）会发送"周五闪购"邮件进行短期促销。

每日特惠

闪购这种形式是在 2004 年经由网站 Woot.com 出现在零售场景中的。这家公司专做每日特惠活动，也被人们视为这种网上销售模式的开拓者之一。[20] 客户每天都有 24 小时的时间在主推的特惠活动中占点便宜。这个模式非常简单。公司每天都会推出一款新品供客户在 24 小时内购买。商品范围从消费用品到电子产品不一而足。在峰值时期，Woot.com 每月能够吸引 500 万人访问这个网站。[21] 2008 年美国陷入金融危机的那段时期，闪购与每日特惠活动帮助很多实体企业活了下来。提供每日特惠活动的购物网站依然活跃，包括 Woot.com（2010 年被亚马逊以 1.1 亿美元的价格收购），同时这种类型的促销活动也被许多线上与线下企业采用。

举办闪购活动有几点需要注意。通常，闪购活动持续 24~72 小时比较理想，因为这个时长既能营造出紧迫感，也不至于让客户因为无法及时看到活动信息而感到恼火。如果活动是在网上开展，那么应该选在一天中人们最常登录这个网站的时段。比如说，如果网站流量的最高峰是在晚上，那么闪购就应该在这个时段开始。闪购活动不宜设计得太复杂。提供太多选项会令客户非常困惑（比如说，满 100 美元打 9 折，满 200 美元打 8 折，满 300 美元打 7 折等）。

乔氏超市（Trader Joe's）虽然不做闪购活动，但非常懂得通过限制产品的选择简化人们的购物体验，由此也为有意做促销活动的商家提供了一个非常好的榜样。乔氏超市会刻意限制陈列商品的数量。商业内幕网（Business Insider）的一名记者将乔氏超市的商品库存与一家社区食品杂货超市的库存进行了对比。[22] 这个名叫杰克·休斯敦的记者在这家食品杂货店中清点出了 144 件意面酱、44 瓶橄榄油以及 172 盒麦片，而在附近的一家乔氏超市中，只有 14 件意面酱、14 瓶橄榄油以及 39 盒麦片。少而精的商品选择一直以来都是乔氏超市取得成功的关键。它的客户偏好度持续排名第一，而且单位面积销售额也都超过了竞争对手。

做个总结：如我们所见，很多类型的企业都能够从闪购中获益。如果想要促进某个商品的销售或增加客户对某个服务的兴趣，企业可以做一个持续很短时间的促销活动。恰如前文的酒店经理所说，采用这种促销类型的企业能够通过闪购活动的开展以及过程中的营销传播增加品牌的知名度，强化与客户间的关系。

倒计时器

一天晚上，詹姆斯躺在床上悠闲地在网上购物，向自己的购物车里添加了一些商品，就在这时，他突然发现有一个倒计时器出现在屏幕上，显示出商品还能保留在购物车里的时间已经不多了。他的心跳开始加速，时间在一分一秒地流逝，他忽然忘记了自己还有什么其他东西要买，但他知道总有一些落了的东西会在他睡着前的那一刻被想起来。于是詹姆斯慌忙地把所有能想到的东西统统塞进购物车，开始疯狂地采购。时间还剩15分钟，他觉得自己真是在与时间赛跑。

许多购物网站会使用倒计时器来提醒我们可以享受特价、包邮或促销活动的时间有限。倒数的时钟让人有紧迫感，让我们觉得如果现在不下手，以后会后悔。这些倒计时器会出现在网页的横幅广告，以及关于促销、特惠、包邮提示的电子邮件中。

为了进一步烘托人们害怕错失的情绪，许多公司在倒计时归零后会显示一条信息，告诉客户促销或特惠活动已过期。还记得吗？我们对失去的恐惧要胜过获得的快乐。因此倘若下次再看到一个倒计时器，我们会想起上一次错过促销活动时的失落感，于是会告诉自己，这一次定要有所行动，不能再错过。

如果你运营的是电子商务方面的业务，何不试试用一用倒计时器？它在营造紧迫感方面是一种简单易行的方式。

优惠券

优惠券算得上企业最早使用的一种营销工具了，至今已有上百年的历史。早在19世纪末，可口可乐公司曾是许多药店的糖浆供货商，其创始人阿萨·坎德勒（Asa Candler）当时就把免费提供一杯苏打水的手写优惠券邮寄给药店周边的居民。[23] 时至今日，优惠券的效果与诱惑力依旧不减当年。

这一点有事实为证。

2020 年，美国老牌优惠券网站 Coupons.com 平均每月的独立访客数量为 330 万人。[24] 这说明有相当多的人在搜寻优惠券啊！同年，仅在美国就有 3282 家制造商提供了近 1890 亿美元的优惠券。[25] 不过实际使用了这些优惠券的人有多少呢？据测约有 5200 万美国居民兑换使用了电子优惠券，其中还不包括纸质优惠券的兑换。[26] 更令人惊异的是，线上用户使用优惠券的情况比常规用户平均高出 24%，有 74% 的消费者会关注品牌在社交媒体上的动态，搜寻优惠券。[27] 哪个品牌有券发放呀？

人们热爱优惠券。想想大火的电视真人秀节目《省钱折价王》(Extreme Couponing)，每一集都会追踪一名购物者用优惠券省下数百美元甚至数千美元的购物过程。有一集的主人公是来自马里兰州贝塞斯达的贾米·科洛，她在购物车中打包了 62 瓶法式芥末酱后，称自己"甚至根本就不吃芥末"。[28] 之后她来到收银台扫描完所有商品，包括 100 杯酸奶、35 罐汤、40 盒麦片以及 90 包冷切肉，总金额高达 1902.63 美元。然后她递过了优惠券，最终的结账金额为 103.72 美元。这个例子或许有些"极端"，但优惠券对人的吸引力是有心理学依据的。

优惠券使人快乐。至少这是一位神经经济学家与他的团队在一个研究中得出的结论。这项研究对 10 美元的优惠券会对从网上购买食杂物品的人有什么样的影响进行了分析。[29] 受试者中有一半人拿到了 10 美元的优惠券,另一半人则没有。优惠券对人的影响是通过不同的指标来衡量的,包括血液中的激素水平、心脏搏动、情绪、呼吸以及出汗情况。研究发现,大脑分泌的催产素,也就是和人类的爱与快乐相关的激素,会在我们拿到优惠券的时候显著增加。更有趣的是,因为优惠券而产生的催产素水平比我们在亲吻、拥抱甚至收到礼物的时候都要高!与此同时,我们的压力水平下降了。基本上,我们处于更加快乐、更加放松的状态中。这项研究的领头人扎克教授解释道:"结合其他研究发现来看,这些结果表明,优惠券能够直接影响人的快乐,促进身体健康,提升人应对压力的能力。"[30]

难怪营销人员数十年来一直在通过优惠券吸引新客户、推广新产品。同时,优惠券也是限时稀缺中最常见的一种类型。我们最初拿到优惠券的时候会感到开心,没有什么压力,因为它意味着有可能获得的收益。但正如我们在第四章中所述,优惠券也会让人产生一种对失去的恐惧。[31]

我们知道,促销活动的效果会受优惠券有效期的影响,也就是从它的发放直至到期的这段时间。如果有可能兑换使用优惠券的消费者数量比较大,那么短一点的有效期会带来更高的利润。[32] 折扣活动或优惠券的有效期越长,人们的紧迫感就会越低。

不过在选择到期日的时候，有一些利弊需要权衡。较长的有效期能够用更长的时间来吸引客户对折扣活动的关注，但也存在让客户忘记这个折扣活动或导致客户决定推迟购买的风险。[33] 反过来说，较短的有效期能够增加人们采取行动的紧迫感，但会有造成不便之嫌。[34] 所以对于营销人员来说，有效期的度应当如何把握呢？一项研究结果显示，低于两周的时间限制能让优惠券在最大程度上取得成效。[35] 时限是一个需要营销管理人员到市场上去验证的东西。

这些情形在厂商优惠券与门店优惠券上有不同的体现。厂商优惠券倾向于设置一个较长的有效期，通常在到期前的一段时间兑换率会急剧上升。反观门店优惠券，它的有效期往往比厂商优惠券短得多，它不会给消费者长时间持券观望、等待后续兑换使用的奢侈体验。作为购物者，我们总有必须马上把东西买到手的强烈冲动。只要在优惠券的使用范围内，我们常常会购买比正常情况下更多的商品。

个性化推广

电子优惠券的使用趋势近年来一直在增强，而始于2020年的疫情更是进一步加速了这一进程。电子优惠券有诸多优势，除了无须将之从纸上剪下来、希望下次去购物时能记得带上。电子优惠券的一大好处是能够做到高度的个性化匹配。通过电子优惠券的使用，你可以根据购买历史锁定目标客户，对促销活动做不同程度的划分。

科尔士百货公司是一家全渠道零售商，在美国49个州中布局了1100多家门店。它在企业个性化推销战略的实施上是一个极佳的例子。过去几年间，科尔士一直在通过客户数据促进销售。通过数字钱包、信用卡以及会员计划，科尔士能够借助数字化的方式以及直接邮寄的形式为客户提供个性化的特惠活动。科尔士的首席执行官凯文·曼塞尔（Kevin Mansell）曾说过："客户忠诚度非常重要。从更长远的角度来看，个性化或许更加重要，因为它对我们营销活动的效果以及能否吸引更多进店流量具有巨大的影响。"

在推行个性化营销的第一年，科尔士的目标是让个性化的营销信息触达500万名客户。[36]此后，公司又通过店内的无线网络接入进一步推进个性化方案的进程。顾客进店登录无线网络系统时，科尔士可以收集数据，判断他们的购物模式。[37]这些数据还能让科尔士根据一个人的购物习惯实时决定是否为其提供一个个性化的优惠方案。

自诩为"世界领先的烘焙与咖啡连锁店"的唐恩都乐

（Dunkin's Donuts）也通过电子优惠券来吸引回头客。[38] 下载唐恩都乐的应用软件可以获得折扣，客户为此也会愿意下载这个软件。如此一来，公司就可以追踪到客户的活动，包括他们是否再次光顾某个门店。[39] 之后唐恩都乐会给客户发送更多优惠券，吸引客户购买更多商品，客户也能够通过多次购买以及赚取积分来免费获赠饮品。

人工智能，具体来说，聊天机器人技术也能够帮助公司提供更加个性化的优惠方案。聊天机器人与客户实时互动，能够追踪客户的在线活动。通过识别客户的意图、线上行为以及兴趣，人工智能技术能够推出个性化的线上优惠券供客户在门店或线上进行兑换。[40]

对于决定采用优惠券这种限时稀缺策略的公司来说，有几点需铭记。第一，信息要明确清晰（比如说"全部订单打 8 折"）。第二，需要设置时间限制来制造紧迫感（比如"全部订单打 8 折，活动截至 1 月 31 日"）。第三，优惠券必须呈现在客户面前，也就是说电子优惠券可以在网站上提供、通过社交媒体分享或通过电子邮件送达。直接在信件或报纸中插入也是发放优惠券的一种可行方式。第四，避免重复提供同样的优惠券，因为这种做法会造成产品与 / 或品牌的价值损失。

一位名叫芭芭拉的客户讲述了她对当地一家餐馆及其牛排餐特惠活动的看法。据芭芭拉说，这家餐馆频繁发放一种三道式牛排正餐的优惠券。"如果手头没有这种券，我是不会去这家餐馆的。为什么要付全价呢？在我眼里，这顿饭就值优惠券上的价。"

美国团购网（Groupon）也是通过优惠券的形式玩转了限时稀缺的一家公司。这家优惠券巨头就实质来说是客户与当地企业之间的一个中介平台，为传统实体企业提供特惠活动的推广。

平台上的每一个特惠活动都在详细说明中明确了活动的结束日期。

此外，团购网还会推出其他促销方案，允许消费者拿到更高的折扣，比如说在团购网的价格基础上再打8折。团购网会通过推送通知、电子邮件以及手机应用软件中的消息把活动信息送到客户眼前。

以下是另外一些公司有效使用优惠券的例子。请注意以下每一个优惠活动中都包含一个优惠码与到期日。

- Trueship邮递公司："限时促销：ReadyShipper运输软件的新用户首月享5折优惠。优惠码RS-SAVE-5。"[41]
- 维多利亚尼桑店（Nissan of Victoria）："空调维修服务立减30美元。"[42]
- 蓝色主机（BlueHost）："限时特惠，每月只需3.95美元。"[43]

- 戴尔："购买 XPS、外星人、灵越机型，立减 150 美元。"[44]
- 乔安百货（Jo-Ann Stores）："时间不多了……促销活动今日即止！"[45]
- J. Crew："限时活动，会员购物获双倍积分（终身包邮）！"[46]

事实证明，与限时相关的稀缺能够有效地增加销量、吸引客户。但是如果想要打动非常看重专属性的客户，另一种类型的稀缺收效会更好。我们将在下一章中探讨供应类稀缺为何能够吸引那些想要标新立异、突出自己与众不同的客户。

本章要点

▶ 限时类稀缺用于非炫耀性商品时效果最好,即用于具有某种实用性或好处,但不为用来彰显地位与财富的商品。

▶ 当我们感知到时间不够时,随之而来的压力会影响我们的决定。

▶ 在时间造成的稀缺中,社会暗示不会产生明显的效果。消费者之间不是为了在稀缺商品售罄之前进行抢购的竞争关系。

▶ 客户只需在促销截止时间前完成购买就算"赢了"。因此,实际上消费者并非在与其他人竞争,而是在与时间竞争。

▶ 促销信息应当保持简洁、清晰,要包含促销截止日期与后续恢复价格等信息。

▶ 与时间限制相关的稀缺可以有多种形式——限期供应、闪购、倒计时、优惠券。

第七章

你与别人不一样

这是伦敦评分第一的餐馆。整个周末，想在这家"只接受预订"的餐馆订位的顾客打来的未接电话达到了 116 个。仅在一天之中，这家被列入猫途鹰网（TripAdvisor）的餐馆的浏览量就达到 89 000 次。[1] 网上对它的点评也异常精彩。人们抱怨预订座位非常不容易，但对它的食物却赞不绝口。有的评论称，所有的等待都是值得的。显然这家仅接受预订的餐馆提供的是一种专享体验。只不过唯一的问题是，这是一家并不存在的餐馆。

开这个餐馆最开始只是为了回答"一个假餐馆有没有可能成为猫途鹰上评分最高的一家餐馆"这个问题而做的实验。按照化名为欧巴·巴特勒（Oobah Butler）的实验策划人的说法，"通过刷好评、营造神秘感以及胡说八道"，这个答案可以是肯定的——德威小屋（The Shed at Dulwich）餐馆已经证明了这一点。[2]

巴特勒把自己的家，实际上就是伦敦南部一个花园中的小棚屋当作餐馆的地址（因此餐馆的名字叫"德威小屋"），他用13美元买了一部一次性电话，把去往他家那条唯一的路设为营业地址。他在猫途鹰网上创建了自己的餐馆信息，紧接着做了一个餐馆的网站Theshedatdulwich.com。此外还需要一份能抓人眼球的菜单，于是他决定用各种心情为所有菜品命名，比如渴望、爱情、神会、凝思、抚慰、快乐等。可是菜单还需要配图，他就使用漂白剂片、海绵以及剃须泡等各种道具假扮成食物，做出了无比精致诱人的菜品图片。就在他把这些信息全部上传到猫途鹰网后，他收到了一封邮件，正式通知他的餐馆上线请求已通过审核。

德威小屋最开始在猫途鹰网上所有的伦敦餐馆中排名第18 149位。巴特勒知道他需要用好评把排名往上顶，但需得绕过猫途鹰的垃圾邮件拦截技术。于是他集中精力找真人（他的朋友和各种认识的人）在不同的电脑上写点评，以免被侦测为垃圾邮件。两周之内，这家假餐馆的排名就上升到猫途鹰网的前10 000名。之后最不可思议的事发生了。还记得那个一次性电话吗？它响了。巴特勒惊异不已地接起了电话。电话另一端的人想要询问如何完成预订。情急之下，巴特勒答复说餐馆已经预订到6周之后了，然后挂掉了电话。自此以后，他的电话开始不停地震动，都是想要订餐的人发来的消息。其中一条请求是预订 4 个月后的 9 人位。与此同时，请求订餐的电子邮件也开始像潮水一般涌来。德威小屋在猫途鹰上的排名冲到了第 1456 位，而巴特勒还在不断地接收客户们竞相订餐的电话与留言。

再后来，巴特勒的邮箱开始收到各种抢着要与他合作的公司寄来的免费样品（它们需要评估餐馆的位置）。餐馆一座难求的消息不胫而走，制作公司、公关公司甚至政府理事会的人都试图与他取得联系。终于，德威小屋的排名上升到了伦敦餐馆中的前 30 名。

如果这些故事还不够你消化的话，接下来的事可以说几近疯狂了。巴特勒决定向公众开放这间假餐馆。

这可不是件容易的事。他需要把自己的小屋和花园整饬一番，让它看起来像个餐馆的样子，还需要有餐食可提供。于是他雇来了一个朋友扮成当天晚上的主厨，以价值 1 美元的速冻晚餐为基础编造出一份菜单。他还请其他朋友假扮顾客，混杂在真正前来用餐的客户中，甚至还找来了一名服务员接待顾客。

最先到的两名顾客是一对从加利福尼亚来伦敦参加精灵宝可梦集会的夫妇。餐厅为他们奉上了一盘模样精美、形色俱佳的乳酪意大利通心粉。那位女士拿起手机对着餐品准备拍一张照片，不过透过相机看了一眼之后便把手机放在一边不再拍照了。40 分钟后，夫妇两人离开了，男方看起来非常不悦。对于一家假餐馆提供的 1 美元速冻食品来说，这样的反应实在不算糟糕，可是另一群顾客的反应却大大超出了预想。

在整个晚上接待了几桌真正的顾客之后，有一桌四人的顾客起身准备离店。巴特勒把四人送出门去，并一路抱歉着解释，说菜单是新上的，还七七八八找了一些其他理由。这时四个人中有一人打断了他，想问问自己和朋友们已经来用过一次餐了，下一次预订会不会容易一点，他们还想以后再来。一句话问得巴特勒一时语塞。

回到小屋后，巴特勒把这件事讲给朋友们听，这时那位临时找来的服务员告诉他们，顾客们的总体反馈是非常不错的。

这整件事听起来有些令人难以置信，也让人啼笑皆非，但事情的发展进程其实并不令人意外，尤其是考虑到稀缺所具备的力量时。尽管巴特勒的实验目的是看一看自己有没有办法让一家假餐厅成为猫途鹰上最受好评的饭馆，但实际中他办成这件事的原因却在于稀缺原理的运用。由于到餐馆就餐被他包装成了一种一座难求的专享体验，反而在客户间营造出一种急迫感，让人觉得难以死心。"仅接受预订"的模式再加上评论中流传开来的预订难度都让这家餐馆在人们的心目中身价暴涨。不过要知道，并不是所有客户都会对这种情况买账。那对从加州来的夫妇就难以对餐品的"质量"表示恭维，但有很多其他客户想要确保自己有机会再来光顾。

谈到稀缺，对于寻求声望、尊重或是独特性的人来说，供应量有限制的东西对他们具有极大的吸引力。许多经济学、社会学以及心理学的相关研究都对拥有一件稀缺物品的感受进行过深入的研究。比如说，拥有一件稀缺品可以赋予人地位与权力，也是公认能够提升自我形象的方式。[3] 人们经常会通过自己拥有的东西来寻求自我表达，希望能够得到别人的羡慕与欣赏。这正是许多人会被独家商品、快时尚以及有准入门槛的活动吸引的原因。我们不仅想要与人攀比，还想让自己觉得与众不同。在心理学界，这个概念属于社会比较理论的范畴。按照这个理论，人会通过与他人做比较来决定自己的价值。我们把自己的品质与我们眼中其他人的品质相联系[4]，不断与假想中的邻居比较物质财富与形象。[5] 这正是我们总听说现实中邻里之间会暗自较量谁家的房子在节假日中被装点得最梦幻、最难忘的原因。[6]

奢侈品零售商非常善于在独享性上做文章，它们很会给人培养这样一种观念：假如你能拥有一件世人不常有的稀罕物，说明你一定也是一个不世出的特别人物。有的公司会推出专属邀请、特别权利以及只有顶级客户才有资格参加的活动。美国运通卡为最高级别的会员卡持有人预留机场贵宾室；古驰会邀请自己的高端客户参加戛纳电影节[7]；诺德斯特龙也为自己的顶级会员提供提前参加某些活动的机会，充分利用独享性的力量。这些例子之所以有效果，都是因为稀缺。就算是在今天这样一个动动手指一切就会有的时代，我们仍然想要一种"我有你没有"的感觉。

满足人们对独特性的需求

你对咖啡有研究吗？我们很多人是为了咖啡因与口味去喝咖啡的，但是有一部分人只喝不常见的混合咖啡，就是为了表现自己是个内行，与别人不一样。同样的情况也体现在对葡萄酒甚至手工啤酒的选择上。我们希望自己不同于众人，是别人眼中一个独特的存在。如果这样的行为用来描述你不为过，那么一个供应量有限的商品对你来说会格外有吸引力。对你来说，少即是多。

如我们所见，供应的限制可以有多种实现形式，比如发出特邀、给予特权、参加专属活动、享受特别服务等，它需要表明这是只有少数人才能获得的机会。为什么这种做法非常有效？有时候，我们只是想与别人不一样，这就是所谓的"对独特性的需要"。社会心理学理论把独特性界定为我们渴望拥有并希望一直拥有下去的一种主要因素。[8]我们在社会能够认可的方式中寻求独特性，就比如咖啡行家的那个例子。这也是有人会愿意花4万美元至50万美元不等的价钱去买一只爱马仕柏金包的原因。

不同人对独特性的需要程度不一样，不过在整体比较崇尚个性化的西方国家中，这种需要尤为普遍。如果你的客户对于独特性的需求较高，提供限时性促销活动的效果就不会像安排特邀、提供特别活动与特别营销方式的效果来得好。这样的客户往往也不大可能因为某个产品不易获得就转而选择一个更加大众化的替代品。要想确定客户是否对独特性具有很强的需求有时候并不容易,但很多研究均表明,与炫耀性消费相关的产品往往在稀缺得到运用的地方表现非常抢眼。与炫耀性消费相关的产品与服务指的是那些能够彰显财富与地位的东西,比如奢侈品、汽车、高端电子产品与服务(比如私厨,有人用过吗?)。这些都是我们的家人、朋友以及认识我们的人能够看到我们在使用的东西。拥有一把在促销活动中被商店售罄的吉他并不能满足人们对独特性的需要,但拥有一把每年限量生产的手工吉他可以。

糖果不是一个与炫耀性消费关联很深的商品,但有一个针对稀缺的研究还是使用了这个商品种类来证明限制供应的有效性。当得知糖果数量有限时,研究中的受试者会吃掉更多这样的糖果,而且购买这款糖果的意愿也会上升。这个发现并不是特别令人意外。令人意外的是,受试者说他们愿意花更多钱买这款糖果。[9]这个结果说明,如果某个产品已不易获得,公司不应该急着打折,这个结果实际上反而为涨价提供了依据。到最后,无论公司卖的是什么,它应该能够从更少的售出产品上赚更多的钱。

提供以限量或专享为特点的稀缺信息是为了让人觉得某件东西很特别,由此制造一种独一无二的感受,但这些信息表达的须得是供应的限制性这层意思,而不是需求旺盛造成的数量不足。

第七章 你与别人不一样

需求高能够表明产品广受欢迎,但不能表明产品具有专属性,也就是说拥有这样一件产品不会满足人们对独特性的需要,反而有可能起到反作用。当一件商品能够被很多人拥有时,它在我们心中的分量会变轻。[10] 有限的供应还有助于形成社群。以美国的精装美食礼品店哈里与戴维为例,它通过一次销售一个商品的方式成功打造了自己的社群。

哈里与戴维的新鲜水果与手工精选礼品业务已有近 100 年的历史。这家公司最初凭借口味甜美的梨子出圈,自此后大大拓宽了产品系列。多年以来,除了提供独特的水果——从精致的葡萄到可口的梨子——与其他各类美食礼品,公司一直未曾变过的就是它的社群意识。而最近几年,在专属品与限量品的催生下,一些从哈里与戴维的客户中分化出的子社群也开始变得格外红火。

我第一次采访哈里与戴维的母公司 1-800-Flowers.com 的创始人吉姆·麦卡恩时,他讲的一件事引起了我的注意,因为它与我对稀缺的理解完美地关联在了一起。专属产品与限量产品能吸引人的注意,激起人的欲望。而这正是哈里与戴维所做的事。

哈里与戴维从全美国范围内被它认为最好的种植商与生产者那里挑选产品,公司把它们称为自己的"工匠精选"系列,是客户了解并且非常喜爱的东西。可是哈里与戴维慢慢发现,有些他们"优中选优"的商品能够获得的数量是非常有限的,实际上有些商品少到哈里与戴维都无法把它们放在自己非常红火的网站上去卖，因为产品完全不够上架。就这样，组建一些子社群的想法开始成形了。公司团队知道自己的客户群中有一部分人对某些特定的产品种类很有兴趣，也很愿意在上面花精力，不论它是某种焙烤制品还是独特的农产品。哈里与戴维在这方面加大了力度，用平常不易寻得的好物来迎合这部分客户的需要。下面关于黄油的故事就是这样一个例子。

哈里与戴维请客户按照自己的具体兴趣注册一个电子邮件或提交一个文字清单，以便哈里与戴维有某个特别发现的时候能够通知到他们。客户能够通过吉姆每周发往 750 万名读者的新闻简讯，以及公司根据人们的购物模式直接发送的电子邮件接收到这些特别清单或社群信息。这些社群对允许加入的人数有限制，这一点也是会明确交代的。比如说，一封邮件可能会通知客户某个兴趣社群的人数上限为 25 人，现在已有 11 人。当符合这个社群兴趣的某个新品被发现时，这个社群就会得到提示，而这也正是一群客户发现那款不可多得的黄油的过程。

有一位妇人制作的黄油供应的是全美国 10 家最棒的餐馆。由于她的产能有限，因此她是不直接面向终端消费者进行销售的。哈里与戴维的一位买家想办法说服她制作了 45 份这种不同寻常的黄油。通过一种特别的容器，哈里与戴维得以把这些黄油直接运送给客户，由此实现了这个好物的销售。不过哈里与戴维所做的还不止这些。它并不是简单地告诉客户有一种限量黄油可购买，而是把整件事变成了一种体验。它把这位妇人制作黄油的故事讲给了客户,包括她如何干上了这一行,以及她如何通过给全美国 10 家最棒的餐馆制作黄油为自己的家人赚取了一份美好生活。这个故事是通过她现场制作黄油的各种图片来讲解的。结果引来的是众人的好奇与兴奋。那些错过这次黄油购买机会的顾客也能够读到这位妇人的故事,还会要求把他们也加到限量商品的通知名单上,以便将来能收到消息。

这些细分的客户群体让哈里与戴维培养出人们的归属感与群体感,而客户在分享自身经历的过程中也充分释放了自己的创造力。

从经济收益来讲,这些活动似乎没有开展下去的理由,但这些小群体深化了公司与客户的关系,也为公司与买家和客户提供了诸多乐趣,因此就算这一切不是为了钱,也能让吉姆与他的团队感到兴奋。

供应限制的运用

我们在本章中已经看到过供应限制的一些案例,接下来让我们对每一种情况进行更加详细的解读,便于你在业务中更好地理解与应用它。

非受邀不得入

2020 年，一个名为"俱乐部会馆"（Clubhouse）的音频社交平台突然进入人们的视野，成为最火的社交软件之一。人们可以通过这款软件加入某个房间去聆听或参与讨论。很多一线名人也曾加入其中，包括奥普拉·温弗瑞、德雷克（Drake）以及埃隆·马斯克。这款软件缘何会风靡起来？原因是并非随便什么人都进得来。实际上，进入某个房间必须得到房间成员的邀请，而这里的关键在于房间成员的邀请数是有限的，所以他们不能随便把邀请发给别人。就在这款软件稳步发展之际，埃隆·马斯克与线上券商 Robinhood 的首席执行官弗拉德·特涅夫（Vlad Tenev）在"俱乐部会馆"中的一次访谈直接导致邀请需求激增。受邀人数的限制致使邀请资格在易贝、克雷格列表网站（Craigslist）以及阿里巴巴上被出售。上线近一年后，"俱乐部会馆"的估值达到了 40 亿美元。[11]

使用这个"仅限受邀人员"模式并获得消费者关注的不止社交平台软件。索尼公司曾让客户注册登记一个受邀预订 PlayStation 5 游戏机的机会，即使当时连价格都未公布。可就算不知道价格，人们还是扑向了这些为数不多的机会。亚马逊也曾推出过各种只向受邀人士开放的产品与购物体验活动，包括它的智能戒指（Echo Loop）、智能眼镜（Echo Frames）以及线上"奢侈品店中店"（Luxury Stores）购物体验计划。甚至一家品牌推广代理公司也采用了这种方式——潜在客户必须得到邀请才能与它谈业务。只有成为得到邀请的幸运儿，你才有资格登录进入它的网站。

"仅限受邀人员"意味着有些东西是有限制的，是专属的。基于我们对稀缺的了解，显然这种邀请的价值将会达到黄金入场券的程度。企业可以把"仅限受邀人员"的做法运用到很多场景，比如获得新产品或特别产品、提早发售、品牌社群以及产品预订名单等。

加入专属群体

与限制受邀人数的做法类似，企业可以通过打造专属群体的办法，在不必限制商品数量的情况下让供给的有限性发挥出强大的力量。专属群体可以有多种形式，比如限制席位的活动，或是有严格准入标准的人际圈子。这种方式对于想要独特感、想要彰显云泥之别的那部分人来说有很大的吸引力。以下以 Eliances®组织为例说明。

Eliances.com 是一个服务于高级企业家与商务人士的全球性组织，自 2013 年问世以来，其影响力一直在迅猛地扩张。Eliances 是唯一一个提供"企业家联盟"社群并举办多种体验活动的组织，包括每周一次的"跨界融合"活动（线上与线下会面同时开展）。活动中每名参与者都有 60 秒的时间阐述自己的"Eliances 3G 方法论",即自己能"得到、给予与收获"(Got, Give, Get)些什么。活动只有得到邀请的人才有资格参加,并且每周都处于满员状态。参加一次活动的人并不能保证得到下次活动的邀请,谁能够回到下次活动中由整个"企业家联盟"社群说了算。

这个社群能够以燎原之势迅速壮大并非偶然。Eliances 的创始人戴维·科根(David Cogan)告诉我,他在发起这个精英社群之前曾仔细地研究过包括哈佛大学在内的常春藤联盟校的模式。他发现这些让人梦寐以求的名校能够拥有这样的尊荣,部分原因在于它的专享性。并不是随便什么人都能进入哈佛大学,所以假如你获得了入校邀请,你最好能够马上做出回应。

戴维借鉴了这个模式,把它运用到了 Eliances 上。要想参加活动,你需要得到另一位社群成员的邀请。要想成为一名社群成员,你需要得到一封入会邀请,而这个邀请只有在社群与咨询委员会收集到反馈并批准之后才能下发。与哈佛大学的情形一样,收到入会邀请之后,你需要在一个严格的截止时间内答复。一旦错过,你将不会再有第二次加入的机会。戴维称,如果你还需要考虑要不要接受这份邀请,那么 Eliances 并不适合你。

戴维把这种邀请制归因于 Eliances 社群内部形成的文化。人们在每一次活动中都保持着一定的兴奋度,不仅是因为他们如愿来到了这里,还因为他们意识到自己拥有一个专属的会员身份,有机会见到顶级富豪、百万富翁、社会名流、企业领袖、政界精英、体育明星、创业先锋、首席执行官、意见领袖、发明专家、作家、投资家、演讲家等各路英杰。

对参加每周活动的人数设限是一个自然而然的结果，因为房间的容量有限，因此实际中房间里能够提供的座位数也是有限的。再加上每名参与人员都有 60 秒的阐述时间，所以一个两小时的活动也只够这有限数量的人做分享。稀缺就这样自然产生了。这种限制既不是故意而为的伎俩，也不是营销手段的设计。据戴维所说，Eliances 社群极其火爆，超过 500 场活动的参与人数都达到了饱和。

在活动的准备阶段，受邀人员会收到一系列关于活动详情以及如何预订席位的邮件。每封邮件的标题行都表明这是一个"私享邀约"活动，内含一个立即预订的提示。随着活动日期的临近，可预订的席位类别会被清楚地告知受邀人（即仅有线上席位或还有线下席位）。这些邮件本是用来向受邀人员发送活动相关通知的，但它们同时也制造出了一种紧迫感。由于每个活动均是受邀才可参加的，席位也会迅速被预订光，因此受邀人员知道自己必须迅速下手，以免错失机会。

Eliances 并无意用这些邮件去人为制造稀缺感。相反，戴维称他们是用这些邮件来指导活动参与者的。用他的话来说："如果你没有就活动的相关限制给客户以指导，那么客户若为此没能参与活动将会非常气恼。"因此，Eliances 把活动的限制条件通知给受邀人员，其目的其实是避免让客户觉得猝不及防。

会员们为免错过下一次活动会提前很久预订好席位的情况并不鲜见。最昂贵的席位最先被预订完的情况也不稀奇——这些席位数量有限。

这个社群始于专属性，但成就它的却是客户从中获得的价值。

有限的供应

许多品牌都知道，当供应有限的时候，让很多人拥有同款商品的概率就会降低，由此会让买到这款商品的客户感觉自己很特别（也会欣然同意花更多钱买下它）。

Supreme 是一个成立于 1994 年的街头服饰品牌，销售滑板 T 恤、帽子、卫衣以及其他服装。这家公司通过摸索供应端稀缺的理念，依赖于粉丝们对独特性的需求，找到了自己的成功之道。它能够通过限制每次新款服装的数量为自己的品牌造势。Supreme 在不想穿"主流"服饰品牌的青少年与年轻人中取得了很大的成功。

有的品牌为了限制产品流向市场的途径，会有意限制自己的分销渠道。比如迪奥曾在 20 世纪 90 年代因为百货商店售卖它的产品而起诉了它们，因为把迪奥的产品满世界布货会损害到迪奥的利益。[12] 当时案子还在审理中，时任纪梵希总经理彼得·诺曼

（Peter Norman）对高端香水在超市中售卖会带来什么样的问题进行了解释："购买香水应该是一段令人愉悦又充满向往的体验。把它们与蔬菜瓜果置于一处、削价出售，会使它们的吸引力遭到彻底的破坏。"[13] 一个混杂着鸡蛋、牛奶、蔬菜与迪奥香水的购物车是怎么看都谈不上独一无二的。控制产品的可得性是奢侈品牌一直都在努力做的事。

对于一些企业来说，效仿这些品牌有意对供应端进行限制自有道理。所谓的供应端限制，可以指一次仅生产少量的产品，比如Supreme，也可以指限制分销渠道，比如迪奥。它还可以指集中精力向客户进行直销，创造一种产品供应与分销渠道均受限制的商业环境。

线上供货的管控之战

任何一家想要为自己的品牌打造专属感与珍稀感的公司在对抗货源渠道多样化的问题上都比从前的公司更为艰难，在这一点上，互联网的普及难辞其咎。

线上交易让我们得以随时随地购买任何想要的东西。而伴随广泛的市场交易而来的还有与日俱增的灰色市场交易，其中牵涉到很多未经授权的二道贩子以及供应链上的非官方渠道。为了打击四下蔓延的灰色交易，保护品牌专属于少数人的格调,许多公司开始把更多精力投入直接面向客户的营销模式上来。举例来说,高端厨房家电品牌凯膳怡(KitchenAid)、美国潮流彩妆品牌衰败城市(Urban Decay)以及加拿大彩妆品牌魅可(MAC)为了增加客户直购的交易量,确保客户能够直接从公司拿到产品,纷纷加码官网直销的力度。

戴森公司也是另一个典型的例子。它在分销渠道的管控上下足了功夫,通过价保政策、金融分期以及其他丰厚的服务选项来吸引客户从自己的官方网站上直接购买商品。[14]

许多公司为了识别未经授权的卖家与渠道,还在人工智能与自动化等现代技术上加大了投入,用这些技术手段对产品图片、描述与促销政策的不符点进行检测。[15]通过控制销售渠道,公司得以对市面上可供购买的产品有所掌控,由此保护了产品在人们眼中的稀缺感,或者说尊享感。

限制供应的做法还可以用于提供服务。我有一个朋友名叫格蕾丝,她的故事展现了限制客户的数量是如何成为一种有效的商业模式的。

格蕾丝在数字营销领域的很多家机构工作过许多年。当决定走出来单干,开创自己的社交媒体营销业务时,她对于如何获得新客户充满了担忧。她无意于经营规模多么大的业务,只是想做一名个体经营者,能够服务好一小部分客户足矣。

她花了数个星期奔走在当地的业务圈子里,四处与人沟通,逐渐左一个、右一个地开始有了一些客户,而且客户对她的反馈都非常不错。终于她在圈里有了一些口碑,转介绍给她的客户也越来越多。再之后发生的一件事使得人们对她的业务需求陡然增加。

有一次在与一位被介绍来的潜在客户通电话时,格蕾丝表示由于她是一名独立顾问,并不在哪家大公司工作,所以她一次只能给有限的少数客户提供服务。就这样,有限供应的概念无意间为她助了一臂之力——只不过有限的不是产品,而是她的时间。

格蕾丝本无意于传达稀缺这层意思,但歪打正着地用了一个有效的策略,拿下了自己心仪的项目。

格蕾丝的故事对于服务行业中的企业主、顾问以及销售人员来说是一个很好的例子。对于服务型业务来说,时间是一种天然的有限资源。是否能成为一名客户还需要去确认服务供应方的档期与标准,这种情况对于增加销量具有极大的帮助。

缩短更新周期

一些公司通过缩短产品的更新周期达到限制供应的效果。它们以少量多次的方式推出新款系列,通过加大推陈出新的频率缩短产品的生命周期。这种做法能够让这些公司解决客户对于独特性的需求问题。或许运用这种策略的翘楚当数快时尚品牌Zara了。

不同于时尚零售业一年两季的惯常做法，Zara每年推出新款的时装季达20个之多。它会根据客户的需求快速补充新品。当其他品牌平均需要6个月的时间完成新品制作与店面铺货时，Zara把这个时间缩短到不足3周。在通常一季的时间内，Zara能够推出约11 000件不同的商品，而其他竞争对手则只能提供2000~4000件。不仅如此，更有意思、更贴合我们所说的稀缺的地方在于Zara会定期对门店中陈列的产品组合进行轮换。[16] 大多数零售品牌的惯常做法是确保产品供应充足，有货可售，而Zara的做法却恰好相反——它故意通过较短的产品更新周期与有限的供应量限制产品的可得性。[17] 此外，对于断码的商品，公司的政策要求把这款商品从销售区撤下来放进储藏间，直到所有码数集齐再上架。由于产品更新快，商品总是很快会断码。如果断码商品已经停产，这款商品会被一直放在储藏间等待最后做清仓处理；如果这款商品非常畅销，断码商品会被集中到仓库，然后发往这款商品销量最高的门店。[18]

这种短暂的更新周期、把商品撤下转至后堂的做法以及由有限数量带来的快速周转都会在客户脑中建立起产品具有稀缺性的概念。Zara的目标客户主要是想以较低的价格买到时尚潮流服装的年轻人。这些客户会频繁地光顾门店,因为他们知道选品总在变。他们还知道如果看到喜欢的商品,最好把它买下来,因为下次再来就不一定能看到它了。这种做法的另一个有趣之处在于它能够满足人们对独特性的需求。这样一来,由于产品的供应十分有限,人们担心自己穿了一件流行的衣服与别人撞衫的情况就会大大减少。

这种策略对于快时尚之外的行业也同样奏效。食品杂货店可以对某些特别的产品系列或品牌进行限量供应。企业可以通过快闪店营造一种"过了这个村就没有这个店"的心理。甚至地方农产品市场的供货商也可以充分利用这种心理来获利,因为农产品天然具有这样的属性,它们本就具有时效性,不是随时随地可购买的。[19]

专属体验

专属体验是另一种与供应相关的稀缺形式,也是企业最容易实现的一种方式。以我们当地的水族馆为例。

这个水族馆是亚利桑那州最大的一个(有 7500 多立方米的蓄水量,而且地处沙漠中央!)。[20] 我儿子上小学的时候,对企鹅产生了浓厚的兴趣。他对企鹅着迷到什么程度呢?他的房间是用企鹅主题装饰的,他的毛绒玩具是企鹅,餐盒上是企鹅,T恤衫上是企鹅,总之到处都是企鹅。

大概就在同时期，他们学校组织的一次外出活动就是去这个水族馆，我去做了一名陪同家长。就在我们走进水族馆中观赏各种海洋动物的时候，我看到一个名为"遇见企鹅"的活动标识，称游客可以与企鹅一起玩耍。在 45 分钟的时间内，你可以"近距离地亲自与一只非洲企鹅相见"。[21] 回到家后，我登录了水族馆的官网想要预订活动席位。这个活动并没有包含在水族馆的通票中，需要另行付费，因此会让参加这次活动的成本有一点高。我开始有些犹豫要不要订票，但是我儿子这么喜欢企鹅，我们怎么可以错过这个难得的机会呢？

水族馆的网站也很会造势，它突出说明这是一个特别活动，有一定的限制，并且表明每次活动仅限一定数量的人员参加。网页上还会弹出马上预订的提示。点击"现在预订"按钮只能让我们确认参加这个专属活动，我们不得不预订很久以后的场次，因为近期的席位已经全部满了。

这一切值吗？值。我儿子穿成企鹅的样子出现在属于他的"遇见"现场，我觉得没有什么比这更特别的际遇了。

水族馆的故事只是企业创造专享体验的一个例子。当 M&M'S 巧克力豆品牌打算选做一种脆脆的新口味零食时，公司在纽约市打造了一个沉浸式的快闪店，让客户有机会亲自参与到树莓、浓咖啡以及薄荷这几种推荐口味的互动活动中来。[22] M&M'S 的快闪店还为每一种口味打造了符合各自香味特点与装点元素的"口味房间",在小吃与饮品区,甚至还有 M&M 主题的鸡尾酒。[23] 为什么这个品牌选一款口味会如此大费周章?时任玛氏巧克力副总裁塔尼娅·伯曼(Tanya Berman)告诉我们:"做这个活动本身是因为我们的粉丝喜欢参与到制作一款口味的过程中来。无论通过线上还是线下交流,我们经常从他们那里获得各种想法,有的客户甚至会因为喜欢某个品类或口味给我们来信。"粉丝的话语权确实也得到了体现,他们最终把薄荷味选为了新品的口味。[24]

无论是什么行业,任何一家企业都可以创造一种专享体验,就像 M&M'S 的奇思妙想一样给客户提供一个与品牌互动的机会。

VIP 身份

"VIP"(贵宾)这个称号的构想本身就是为了表达一种特殊的身份。从某种程度上说,早在 1862 年,美国第一夫人玛丽·托德·林肯(Mary Todd Lincoln)就在华盛顿的社交圈中打造出了一种 VIP 地位。[25] 当时仅有一小部分精选宾客可以参加白宫的一场晚间舞会,这一举动使得人们对这场活动更加心驰神往。

VIP 会员与团体同属供应端稀缺的一种。这类型的身份只向特定数量的人员开放,很多获得这种身份的人要么是公司的顶级客户,要么是愿意花大价钱的人。旅游、酒店与娱乐行业都有这种类型的会员身份。我们以万豪旅享家终生尊享会员为例。假如你在万豪酒店的入住天数达到某个数量，你就会得到一些特别的福利，比如延迟退房与房型升级等。你入住的天数越多、花费越高，你的地位也就越高。

VIP 会员的身份会让我们觉得自己是一个尊贵集团中的一分子，能把我们与更低身份的人区别开来。由于这些会员的设计就是为了彰显精英地位，为了体现少而精，因此它在人们眼中极具稀缺性，也更令人向往。提供 VIP 会员或类似的身份地位对于企业来说是件收益很高的事，因为消费者愿意为了一个更高级的称号花更多钱[26]，尽管实际上很多 VIP 会员获得的服务相比非会员并不会有多么显著的提升，他们购买的其实是独属于少数人的尊享感。

限量款也是供应类稀缺的一种形式。由于应用范围极广，效果极佳，我们将在下一章中用一整章来对这种形式的稀缺进行探讨。

本章要点

- 对于寻求声望、尊重或是独特性的人来说，供应量有限的东西对他们具有极大的吸引力。

- 供应的限制可以有多种实现形式，包括发出特邀、给予特权、参加专属活动、享受特别服务等，它需要表明只有少数人才能获得这样的机会。

- 信息表达的须得是供应的限制性这层意思，而不是需求旺盛造成的数量不足。

第八章
"数量有限,售完即止!"

你为了一夜安睡愿意花多少钱?对有的人来说,这个答案是 17.5 万美元。2013 年,英国寝具生产商 Savoir Beds 推出了一款天价限量版床垫——"王室之床"(Royal Bed),标价高达 17.5 万美元。[1] 其中每张床垫的制造工时达 700 小时。到了这个价位,你不禁会想,这床垫莫不是用金子打造的?里面有没有金箔或未可知,但它确实动用了成捆的长卷拉丁美洲马尾毛(用来吸收潮气、调节体温、提供自然弹性)、大量的纯蒙古羊绒以及特制的丝绸面料(丝线连接起来有近 1600 英里长)。[2] 为了精心打造这样一张床垫,工匠们需要把羊绒与马尾毛铺展开来,精心梳理后计算每张床垫所需的用量。"王室之床"仅生产了 60 张。

时任 Savoir Beds 公司总经理的阿利斯泰尔·休斯（Alistair Hughes）曾坦言道，这样的床垫并不是为普通人打造的。它的定价怎么会那么高？据《时代》周刊的引述，休斯是这样说的："没人会否认这是一大笔钱，但是对于每晚花1万美元住总统套房或开名贵豪车的这部分人来说，这样的床垫对他们来讲具有极大的诱惑。"

毫无疑问，"王室之床"是一款仅有一小部分人负担得起的尊享级产品，它也是限量版商品的一个经典案例。正如我们在前面的章节中所了解的，稀缺商品在人们眼中几乎从来都代表着更好的质量与/或更高的价值。限量款商品也属于供应端稀缺的一种类型（如我们在第七章所见），但是由于它的应用如此之广，效果好此之好，值得我们单独拿一章的篇幅来讲。

通过限量款制造稀缺，这个过程涉及有意限制某种商品的供应量，以此来迎合人们对专享性的追求。与需求端造成的稀缺不同，限量款产品不是因为卖得太火爆而稀缺，而是因为它只生产了有限的数量，多数情况下是对常规商品稍做改动后的产品版本。

还记得星巴克的独角兽星冰乐吗？这款饮品不仅是限时供应产品，还是一个限量款。饮品中有混合奶油、粉色粉末、芒果糖浆以及味道酸酸的用于点缀的蓝色糖浆——当然也少不了上面那一层香草味淡奶油。星巴克是这样介绍它的："就像它梦幻般的名字一样，独角兽星冰乐是有一点点神奇之处的，最开始它是一款带着几抹蓝的紫色饮品，初尝的口感是甜甜的水果味，但只需轻轻一搅，颜色就会转粉，口味也随之有了浓郁的酸。越搅拌，它的颜色与味道的变化就越明显。"[3] 这样的"小魔法"，谁不想来一点呢？

这款饮品推出之时正值 2017 年独角兽风潮回归掀起独角兽热的时期。它仅于 2017 年 4 月 19 日至 4 月 23 日期间在参与销售这款产品的店面发售，但售完即止。结果出现的局面是消费者疯狂地涌进全美国的星巴克门店，想为自己购买这款稍纵即逝的独角兽饮品。《今日美国》登出了这样的头条：《星巴克独角兽星冰乐掀起全民抢购狂潮》。事实也的确如此。社交媒体上到处都是独角兽星冰乐的信息。

我还记得这款饮品发售那周的情形。当时我正准备给大学生讲授一门市场营销课，上课之前有一名学生问我是否喝过独角兽星冰乐。我当时的反应大概是这样："什么冰什么乐？"紧接着又有两名学生加入了我们的谈话，声情并茂地描述起了这款饮品。一名学生掏出手机，打开照片墙让我看她的朋友们尝鲜的各种图片。图片上展示的是出现在各种不同背景下的一款彩色饮品。事实上，就在这款含糖饮品热卖的那段时间，照片墙上有将近 15.5 万条有关它的帖子，引得大量想抢在售罄之前得手的人涌入当地的星巴克门店。[4] 而它对星巴克财务报表上的盈亏数据有着更大的影响。与此前的同期相比，门店的总销售额均实现了增长。[5]

像"王室之床"与独角兽星冰乐这样的限量版产品之所以能被打造出来，是因为人们相信稀缺品能够把自己与他人区别开来。从本质上来说，限量款产品之所以稀少，是因为它的数量与发售时间都是有限的。对于想要体现自己的独特之处、把商品作为一种自我表达形式的人来说，限量款商品极具吸引力。就像 Savoir Beds 公司总经理给出的精辟解释一样，"王室之床"本就不是面向大众的产品，它只是为一小部分既有实力又有意愿把六位数的钱投入一张床垫的精选客户打造的。

限量版稀缺有很多种形式，比如特殊包装、特别设计、产品线扩展、特别系列、捆绑组合等。（独角兽星冰乐就是产品线扩展的一个例子。）

科贝尔香槟酒庄（Korbel Champagne Cellars）在产品包装上的尝试是一个典型的例子。2015 年，这家酒庄为了庆祝情人节，为天然桃红香槟（Korbel Brut Rosé）推出了一款限量版的酒瓶。这款香槟本身的成分没有变，只是在酒瓶的外包装上做了升级。瓶身贴纸上设计了几枚红红的唇印，再用锡箔纸模拟黑色蕾丝的图样包裹至瓶口。[6] 此举大获成功，也激励着科贝尔酒庄此后持续为情人节推出全新的限量款设计，包括一款名为"情书"的设计，它用一种粉色字体描绘了一封手书的爱情箴言。

通过独特的设计推出限量款产品的品牌还有很多，比如雅马哈（限量版钢琴）、宝马（宝马7系40周年特别版）以及可口可乐的假日包装版。奢侈品牌尤其能够从匠心独运的设计中获益，比如沛纳海（Panerai）。

手表，意大利海军与史泰龙

1860年，乔凡尼·沛纳海（Giovanni Panerai）在意大利佛罗伦萨的感恩桥上开了自己的第一家制表店，但这家意大利制表公司直到100多年以后才亲自体会到了稀缺的力量。

最初这家表店只是专做高品质怀表的一个小型家庭工坊，随着业务的发展壮大，后来开始为意大利皇家海军研制各种高精度仪表。[7] 在此期间，公司开始试验一种能让手表在黑暗中发光的镭基粉末，发光功能为意大利海军的潜水员带来了极大的便利。后来这种物料材质被命名为"镭得米尔"（Radiomir），是沛纳海所获专利的一种。再后来，沛纳海把第一款腕表系列也定名为"镭得米尔"。

多年以来，从钛金属表壳到坚固耐用的表带，再到另一种以"庐米诺"（Luminor）为名的发光材质，沛纳海在制表工艺上屡有创新。[8] 1993 年，沛纳海携三个新推出的产品系列决定入局手表消费品市场，其中包括带编号的限量款产品（具体来说，分别是表径 44 毫米的庐米诺系列腕表 Maria 与表径 42 毫米的计时码表 Mare Nostrum）。这些特别版手表的设计灵感来源于早年间公司曾为意大利海军潜水部队制作的钟表。该系列于 1993 年 9 月 10 日在意大利军港拉斯佩齐亚的"杜兰德·泽拉·潘尼号"巡洋舰上举行了揭幕仪式[9]，当时的意大利潜水部门最高负责人出席了活动。两年后，西尔维斯特·史泰龙在电影《十万火急》中佩戴了一款沛纳海手表，消费者的需求被迅速引爆。1997 年，Vendome 奢侈品集团买下了沛纳海，将其发展成为一个全球品牌。[10]

自 1993 年进军消费品市场以来，沛纳海一直在沿用限量版产品的战略。它会推出一些基本款，这些款式基本不会变。但是每一年，沛纳海都会推出一些融合了新功能、新特点的新版本。偶尔也会有已经退出历史舞台数十年的型号在升级改造之后重现江湖。视型号不同，公司每次推出的限量款产品在 250 只到 2000 只不等。[11] 在此基础之上，沛纳海的另一种做法在烘托人们的需求与期待上绝对起到了推波助澜的作用——在新产品上市之前很久对外发布产品。通常沛纳海会在年初透露产品信息，同年晚些时候开始发售。由于沛纳海的粉丝们被吊足了胃口，产品一经发售便被粉丝们以最快速度购入的情况并不鲜见，因为他们担心自己会错失机会。20多年以来，这样的需求热度从未消退过。

沛纳海的收藏爱好者与发烧友甚至还有一个分享自己藏品的据点：Paneristi.com。这个网站创建于2000年，为人们讨论沛纳海产品的相关信息提供了便利，其中还有一个名为"你今天戴了哪款表？"的论坛。人们还在脸书上建了一个专属于粉丝们的私人群组，其中有23 000多名成员（截至2021年8月）。一个社群就这样在热爱这个品牌的人们中自然形成了。

2010年，沛纳海做了一件事，进一步深化了这个社群对品牌的爱。它向社群征求意见，了解在他们眼中一款完美的沛纳海应该是什么样子的，之后就推出了为庆祝网站社区成立10周年的献礼款手表PAM360。更有意义的是，每一只表的背面都刻着"paneristi.com"与"10周年"的字样。此款表仅有300只。

这款特别的手表不在门店销售。相反，它仅在Paneristi社区中供社区成员以摇号的方式进行购买。[12] 超过2600名社区成员争相竞购，但这款售价7000美元的手表几乎一瞬间就被抢购一空了。[13]

沛纳海不仅懂得坚持贯彻执行一直以来的限量版战略，还懂得认可自己的客户、积极地深入客户，让客户真正感觉到自己就是这个品牌的一部分。

自我表达的追求

　　自我表达："对自己个性的表达，即对自己个人特点的一种主张。"

——《韦氏词典》[14]

　　社交媒体为人们的自我表达提供了一个强大的平台。它让人们有了表达自己是谁、有什么观点的一个出口。有一些表达是通过文字来分享的，还有大量的表达是通过图片的形式来实现的。社交媒体尤其让"提升档次的消费"现象愈演愈烈，它指的是人们希望通过购买一些能让自己感觉更加美好的东西来获得成就感的倾向。你能买到 2020 年的黄石限量版波本威士忌吗？你在售罄之前抢购到一双耐克 Dunk 系列低帮限量款运动鞋了吗？如果你做到了，你大概不会把这个消息当成秘密藏着，而是会告诉大家，把自己把玩这些稀罕物的照片发布到社交媒体上。

　　如今的消费者常常把社交媒体当成一个参照系，也就是说他们会与社交网络中的其他人做比较，在做决定的时候把他们作为参考。同理，他们购买东西的目的也是获得这些参照群体的认同。[15] 在照片墙与脸书这样的社交媒体大行其道的年代，稀有商品常常被当成一种自我表达的形式。它们彰显着一个人的不同与独特。

过去，限量版产品主要面向的是一些发烧友，比如汽车爱好者与艺术品收藏者。而随着社交媒体的兴起，人们对自我表达的需求也在增长，限量版商品变得更加受追捧。如今的我们可以通过商品而非其他的社会认同形式来表现自己。从商业角度来说，如果一件商品更有助于人们进行自我表达，消费者对它的购买意愿就更加强烈。

炫耀性商品的消费

你生而耀眼，何需藏匿于众人之间？

——苏斯博士[16]

限量版商品最能大放异彩的场合当数炫耀性消费品市场（还记得汽车、珠宝、服饰等商品吗？或者任何能够明显让人关注到的商品）。当追求这种高调的感觉时，我们会为别人投来的目光感到骄傲，无论那是因为一瓶难得一见的波本威士忌，还是一副新款眼镜。购买耀目的商品满足了我们想要区别于众人的欲望。[17]此外，我们还会因为情感上的需求而对限量版产品有所青睐。它们会让我们觉得值得，能够提升我们眼中的自我价值。这种感觉在你买了一罐印着圣诞老人的可口可乐（也就是圣诞限量款）时可能不会出现，但是其他东西，比如一只沛纳海特别版腕表，可能会带给你这样的价值感受。当一件商品被用作地位的象征时，它能带来一种很高的社会地位感。它不仅会让人觉得这是身价的体现，还能让人觉得受到羡慕与尊重。[18]

托尔斯坦·凡勃仑（Thorstein Veblen）在他 1899 年出版的著作《有闲阶级论》（*The Theory of the Leisure Class*）中曾有言："购买高价值商品的炫耀性消费是有闲一族获得名望的一种方式。"[19] 凡勃仑笔下的"有闲一族"指的是社会中的精英人士。《有闲阶级论》认为，这些精英人士正是通过对财富的占有与展示从同类人群中寻求自尊。[20] 凡勃仑称，财富与权力能够透过那些人人都看得见的商品与服务得到体现。人能够通过释放这种财富与权力的信号获得社会地位。

凡勃仑对于炫耀性消费的最初定义后来得到了许多其他理论家的拓展，他们认为产品能够满足人的一系列社会需求，比如受人尊重、被人欣赏、成为别人羡慕的对象等。它甚至还与人想要获得领导地位的需求有关。[21] 让我们进一步探究一番其中的道理。

如果你想得到别人的欣赏，拥有一件人人都有的东西（也就是说一件很流行的东西）不会让你的这个需求得到满足。但是，拥有一件供应量有限的商品可以，比如限量版商品。这样一来，你拥有的就是一件只有少数人才能得到的东西。

人们把凡勃仑的理论称为"凡勃仑效应",它指的是"花更高价钱购买具有同等功能的商品的意愿"。[22] 举例来说,按照凡勃仑效应,一件商品的定价越高,人们购买的意愿越强。这一点与我们对限量版商品的理解一致。限量版商品带来的稀缺通常与高价位联系在一起,对于这类商品来说,降低价位反而会导致销量下降。[23]

一名奢侈品市场营销经理曾这样解释过:"我们的客户不喜欢花低价。如果把所有商品的价格砍一半,我们可能在接下来的半年内会看到销量翻倍,但在此之后恐怕什么都卖不出去了。"[24]《经济学人》杂志也曾就凡勃仑效应告诫过零售商,称用过低的价格销售商品会损害自己的产品形象。当凡勃仑效应与限量版带来的稀缺相叠加时,销量就能得到强劲的增长。

限量版的类型

各品牌常常会通过产品线的延伸或产品特征的变化来制造限量款。此处以宝马为例(我们此前曾提到过它)。为了庆祝宝马7系推出40周年,2017年宝马推出了一款限量版车型,采用了特别的配色与设计特点。卖点是什么呢?这款车型仅在宝马位于德国丁戈尔芬的工厂生产,这是一种地理位置上的限制,我们将其称为"地域性限制"。[25]

正如我们此前所讨论的，我们知道限量版对于想要追求与众不同，甚至在有些情况下想要显示社会地位的人来说，具有很大的吸引力。不过各个企业还可以通过很多其他方式来贯彻执行限量版战略，满足这部分客户群以及其他客户的需求，比如举办限量版活动、提供捆绑服务、在老产品上玩新花样、改换包装以及联名合作等方式。接下来我们可以展开了解其中的某些方式以及其他公司是如何把它们运用在实际中的。

为发烧友举办活动

你把限量版产品与限定人数的活动结合在一起，就会引发抢购热潮。

以下是一个经典案例。那是深冬中的某一天，位于伊利诺伊州芝加哥市郊的绍姆堡镇又阴又冷。可这样的天气并未阻挡来自美国各地的人们扎堆涌进一家名为"拉姆餐厅及酒馆"（RAM Restaurant and Brewery）的连锁酿酒厂，前来参加"Chaos 啤酒日"活动。[26] 有的发烧友为了这个专属活动驱车 1200 英里，希望能在这里买到酒厂的限量版啤酒。

这个活动最初是在 2016 年为了庆祝拉姆新出的木桶陈酿黑啤"Chaos"而举办的。活动门票在开售后的两个月内售完，这对于一个全新的活动来说已经是不错的表现了。不过紧接着在第二年发生的事充分体现出了稀缺的神威。2017 年的"Chaos 啤酒日"活动门票开售，在不到一分钟的时间内，400 张标价 74.99 美元的门票就已售出，导致活动门票很快销售一空。[27]

拉姆的限量版黑啤是全美国最受酒贩欢迎的啤酒之一。据人们所知，限量酿造的酒品，比如拉姆限酿 800 瓶的啤酒，在黑市上卖到了几百美元一瓶。但对于啤酒的狂热爱好者来说，限量啤酒另一个最吸引人的地方在于它是人们大肆吹嘘的资本。狂热的酒友们会从啤酒论坛、评级网站以及手工精酿圈子中的朋友那里寻找这些不易求得的啤酒。

尽管啤酒市场的竞争异常激烈，但稀缺帮助这家出售自制啤酒的连锁酒馆从竞争中脱颖而出。通过一个活动来展现自己的限量款啤酒，这家酒馆牢牢拿捏住了人们想要求得为数不多的那款啤酒的欲望。当然，这种啤酒本身的品质也是极好的。

同理，许多葡萄酒庄也会在发布当季的特别版产品时为自己的会员举办活动。但这个策略不仅限于酒类行业，任何有限量版产品或服务的企业都可以使用这种技巧。零售商可以为特定的客户举办"延时营业"狂欢活动，供客户购买最新推出的限量版产品。健身房可以考虑为潜在客户举办开放体验活动，为他们提供限量版的服务或价格套餐。软件供应商也可以举办一场为期一天的会议，公布一套全新的限量版产品。总之，宗旨就是要找到与限量版商品和目标客户最匹配的活动形式。

服务捆绑

许多服务型企业也通过服务捆绑的形式把限量版的理念充分利用了起来。这些捆绑服务中可能包括为保险或有线电视服务提供的特别价格套餐。甚至有些沙龙与医疗美容机构也将捆绑服务作为限量版礼包，让客户享受特别的价格折扣。

原产品上的新花样

限量版产品常常是在原来产品的基础上添了一些新花样。我们此前提到过雅马哈，它最为人熟知的地方就在于限量款钢琴型号的推出与限量供应的做法。2016年，公司推出了"蝴蝶限量版"钢琴，它是由精于特别设计款乐器的世界顶尖手工钢琴制造商蓓森朵芙（Bösendorfer）打造的镶嵌工艺特别系列中的一款琴。这款钢琴没有对黑檀木或木质材料进行常规的抛光打磨，而是在琴箱上镶嵌制造出了花与蝶的独特图案。这款琴全世界仅有9架，销往世界各地的门店。不难想象这款钢琴很快售罄的局面。

奥利奥也在它的经典产品上做了一些文章，之后把这种松脆的饼干卖出了无数份。公司中有一个小团队专门负责限量版奥利奥的开发。这个团队可没有闲着，自2012年以来，他们已经推出了65款不同口味，包括生日蛋糕味、果冻甜甜圈味、香蕉圣代味、蓝莓派味、青柠派味、沙士冰激凌味等等，当然不要忘了辣鸡翅味与芥末味。[28] 新口味会提前 18~24 个月进行开发。团队一开始会想出 50 个新口味，之后会把范围缩小到 10 个左右。有时候团队还会与各种主厨合作，决定什么样的口味会成为一种风潮。[29] 试想下次进超市时你走到一个陈列着鲑肉色饼干配孔雀石绿夹心（为了庆祝 Lady Gaga[①] 发布专辑 *Chromatica*）的奥利奥区域的情形。企业无须生产一款全新的产品，只需在原来产品的基础上做一些简单的改动，比如采用与原产品不同的口味（比如奥利奥）、香味、颜色或材料，甚至只是改变一些设计，就可以做出一款限量版产品，比如雅马哈的钢琴。

改换包装

一些非奢侈品，比如你在超市拿到的各种日常用品，它们的销量在换包装之后也会出现小幅的上涨。这也是公司经常给产品更换包装的原因。为此还出现了一个专门的说法，叫作"限量版包装"。无论怎么说，这都属于一种稀缺策略，因为其中总是涉及某种限制，不是人们随时随地可以得到的。限量版包装，其本身就意味着有限的供应。在产品包装的标签上，我们总会看到类

---

① Lady Gaga，原名史蒂芬妮·乔安妮·安吉丽娜·杰尔马诺塔（Stefani Joanne Angelina Germanotta），美国女歌手、词曲创作人、演员。Lady Gaga 早期造型通常给人留下的印象是浮夸、搞怪、大胆、随心所欲、为所欲为。其中最具代表性的就是 2010 年她出席 VMA（MTV 音乐录影带大奖）颁奖礼时的"生肉"造型以及同年在格莱美颁奖礼上的"科技感"造型。——译者注

似这样的字眼："限量版"或是"特别版"。

对于许多企业来说，限量版包装是一种无须对产品本身做改变就能通过稀缺原理获益的有效手段。有关限量版包装的例子数不胜数，也总能给人以启发。绝对伏特加（Absolut Vodka）为 2006 年的圣诞创造出一款绚丽夺目的"黄金盔甲"（Bling-Bling）年终限量版酒瓶，还曾为祝福英国首都推出了仅限 518 000 瓶的"绝对伦敦"（Absolute London）酒瓶。气泡水品牌波特瑞（Bottle Green）设计过多种限量版气泡水瓶来声援一家乳腺癌慈善机构。化妆品品牌衰败城市推出过以爆火的电视剧《权力的游戏》为主题的限量版系列彩妆盘。该系列的眼影盘中设计了一个可以弹出的铁王座，眼影刷做成了剧中各种宝剑的样子。就连都乐香蕉也加入了限量版包装的角逐，虽然它只能在香蕉贴纸上玩点花样。都乐创造出一个"为内在英雄赐予力量"的活动，旨在认可那些充分发挥了自己力量的女性。它在贴纸上设计了很多《惊奇队长》中的女性角色。[30] 很多公司对限量版包装青睐有加的原因在于，它是一种不必通过重新开发产品或延展产品系列就能营造出稀缺氛围的办法。

联名合作

与名人联名推出限量版产品也是很多公司迅速引爆销售的一种方式，这样的例子不计其数：耐克与迈克尔·乔丹的联名

（Air Jordans 系列运动鞋）、瑞茜·威瑟斯彭[①]与家居品牌 Crate & Barrel 的联名设计餐具、黛米·洛瓦托[②]与美国运动服饰品牌 Fabletics 的联名设计服装、麦莉·赛勒斯[③]与匡威的合作款等。不过与知名人士合作的机会并不是每个企业都有。在网红当道的时代，"名人"不一定非得是一线演员或职业运动员。名人可以是一个粉丝群体与企业的目标客户群一致的网红人物。企业可以专门为这些网红的粉丝对某个产品或服务进行重新命名、重新包装或做一些调整。

  品牌之间也可以联合开发限量版产品与服务。怎么操作呢？一家企业可以与另一家企业合作为客户提供一体化的服务，比如财务软件供应商与薪资管理服务商可以联合推出限量版捆绑服务。企业之间还可以强强联合，打造一些独特的产品，比如艺术家与珠宝商联合开发的限量版珠宝系列。这个战略之所以效果斐然，是因为这样的联手能够让两个品牌都享受到双倍的受众与客户群。

  两家挪威公司——时尚品牌 HAiK 与眼镜公司 Kaibosh 联手打造出了限量版双面太阳镜，给了用户两种不同的镜框选择。这款太阳镜的宣传视频用一种诙谐有趣的方式，表现出一位女客户在选择太阳镜时难以抉择的纠结心情，是这副太阳镜解决了她的

[①] 瑞茜·威瑟斯彭（Reese Witherspoon），美国著名女演员，奥斯卡影后。——译者注
[②] 黛米·洛瓦托（Demi Lovato），美国流行乐女歌手、演员。——译者注
[③] 麦莉·赛勒斯（Miley Cyrus），美国女演员、歌手、词曲创作人。——译者注

难题。

这款双面太阳镜的独到之处在于，它采用了一种特别的铰链，能够让镜腿来回翻转。它只在网上和精选门店有售。这种类型的品牌合作，其诱人之处不光在于产品的限量版属性，还在于这些品牌以后是否还会再度联袂具有不确定性。这种理念对于任何规模的企业来说都适用。

有时候，这种品牌间限时合作的产品甚至还会引发人们的狂热追捧，比如奢侈品牌芬迪与网红品牌SKIMS的联名产品就是稀缺原理在现实中的真实写照。

> **别想花钱插队**
>
> 金·卡戴珊开创的SKIMS品牌与芬迪联手推出了一个高端时尚服装系列。该系列一经公布就引起了轰动。
>
> TMZ.com上发布的一段视频拍摄到了购物者在比弗利山庄的芬迪店门前排着长长的队，焦急地等着进店购买限量版的芬迪与SKIMS联名款的画面。据说有一名女士花了些钱想插队进来，迅速引得群情激愤。一众购物者冲着这个号称插队进来的人大声斥责："她插队了！""她贿赂她把她放了进来！""姐们儿，别插队啊！"
>
> 线上购物者也毫不含糊。就在芬迪与SKIMS联名款系

> 列上线后的一分钟内，销售额冲到了100万美元。据称，限量版系列中的所有单品都迅速销售一空。毫无疑问，这个限量版系列的购买竞争非常激烈。事实上，超过30万人在该系列发售之前就已经注册申请上了排队购买名单。
>
> 即使这是一款高端限量版商品，它也同样能引发人的生理反应，形成强烈的竞争氛围。

限量版商品与热门活动的配套

限量版商品搭载热门活动（活动与产品方没有关系）也是一种极佳的做法，有利于塑造品牌的亲和度。已退休的麦当劳前全球营销高级副总裁迪恩·巴雷特讲述了麦当劳是如何在限量版商品的推广上大获成功的。还记得麦当劳的开心乐园餐吧。开心乐园餐与一些全球最大的形象产权相配套，在某些电影或活动推出市场之时给麦当劳客户提供了一种与之互动的方式。这种做法大大刺激了开心乐园餐的销量，同时也因为麦当劳与当时的热门影片或实物玩具的关联进一步提升了品牌亲和度。

与麦当劳的做法类似，企业也可以开发一款与热门活动相关联的特别产品、服务或包装。当然，不要忘了其中还涉及授权与商标方面的考虑，因此如果要探索这条路径，可能还有一些额外的工作要做。

我们知道限量版与供应类稀缺能够帮助企业化腐朽为神奇，同样，由高需求造成的稀缺也可以发挥奇效。下一章我们将对这种类型的稀缺所面向的客户以及企业应当如何加以运用进行探讨。

本章要点

▶ 限量版商品之所以出现，是因为有人相信稀缺物品能够把自己与他人区别开来。

▶ 限量版商品对于那些希望能够独树一帜、把商品视为一种自我表达方式的人来说，具有很大的吸引力。

▶ 限量版商品在炫耀性消费品市场中具有最抢眼的表现。

▶ 我们还会因为情感上的需求对限量版产品有所青睐。它们会让我们觉得值得，能够提升我们眼中的自我价值。

▶ 各个企业还可以通过很多其他方式来贯彻执行限量版战略，包括举办限量版活动、提供捆绑服务、在老产品上玩新花样、改换包装以及联名合作等方式。

第九章

专属路线还是大众化路线?

埃米莉(我的朋友)6岁的儿子卢克抬起头,用大大的蓝眼睛望着自己的妈妈。他拨开落在脸颊上的一绺发丝,深吸了一口气。即将向母亲提出的这个请求,他已经在一整个早上练习了无数遍,希望自己的话不会出什么差错。良久,他吐出一口气,说出了自己的请求:我能养只小狗吗?埃米莉家从来没有养过狗,而这是卢克这辈子(他的原话)一直都想要的东西。万一妈妈不答应,卢克已经想好了备用计划——去求圣诞老人。

埃米莉的心都要化了。说实话,她早已跟丈夫沙恩谈过养狗的事了。经过反反复复的斟酌与讨论,他们决定帮卢克养一只拉布拉多犬。因为听说过太多有关小狗养殖场以及肆无忌惮的"狗贩子"那些耸人听闻的故事,埃米莉打算从一个自己听说过的可信度较高的养育员那里找一只小狗。她给去年刚买过一只拉布拉多犬的朋友打了一个电话，拿到了这名养育员的联系方式。养育员名叫简，埃米莉给她打了电话，得知两周之后将有一窝小狗出生。但是由于拉布拉多犬特别受欢迎，简对于从她这里领走小狗的主人又特别挑剔，因此她告诉埃米莉要随时关注她在脸书账号上更新的小狗出生情况。从那时起，而且只有从那时起，简才会开始接收人们购买小狗的申请。她还告诉埃米莉，她会记录申请提交的顺序，所以申请提交时间越早，选到小狗的概率就越大。

从那一刻起，埃米莉整天都在无比虔诚地刷新简的脸书页面，像着了魔一样。她想要确保自己是第一批发出申请的人。一周过去了，有一天埃米莉与孩子们正在从动物园返回家的路上。距离她上次查看脸书页面已有两个小时了，埃米莉开始有点不安。万一他们在动物园玩的时候小狗出生了，而她错过了提交申请的机会可怎么办？就在他们到家停好车的那一刻，埃米莉马上打开手机上的脸书软件。天哪！他们在动物园的时候小狗出生了。埃米莉的心跳开始加速。她让孩子们先进家门，自己坐在车里开始用最快的速度提交申请。在小狗出生的一小时内，埃米莉奋力把申请交了上去。显然，她不是唯一一个眼巴巴地盯着脸书页面焦急地等着小狗出生的人。就在小狗出生三个小时后，简在脸书上发布了一条消息，说她不再接收申请了，因为收到的申请已经太多了。

就这样，埃米莉一家人被正式排到了这窝新出生的小狗的购买者名单上。12周后，卢克拥有了自己的第一只小狗，查理。

这个故事既体现了专属性（你需要申请才有机会得到小狗）的作用，也表现出高需求刺激下的结果。我们接下来对此做进一步探讨。

此前我们了解过稀缺对一件物品的价值感知有什么样的影响。通常来说，一件物品越难得到，人们就越想得到它——这种情况随之会影响我们对这件物品的价值评判。不过如果一件物品的稀缺状况由火爆的需求造成，而非供应量或供应时段的限制等其他原因所致，它在人们眼中的价值感会更强。对稀缺产品的欲望有多强烈，至少在某种程度上与我们认为造成短缺的根本原因是有关系的。[1]

这种类型的稀缺（由高需求或抢手程度所致）产生的影响与其他形式的稀缺造成的影响有所不同，特别是与限时导致的稀缺（第六章）以及限售导致的稀缺（第七章）相比。这种形式的稀缺制造出一种紧迫感，因为人们相信一旦商品售罄，得到它的机会也就一去不复返了。当企业生产的商品数量不足以满足人们的需求，或是当企业分销给零售店的产品数量陷入紧缺时，就可能出现由高需求所致的稀缺现象。

这种情况我们都见证过，比如零售商大力推广的某种商品在各个门店或网站上可供购买的数量已不足时，商家会把剩余产品的数量展示在页面上。在这种情形下，营销人员会放出类似这样的信息，比如"热卖中"或是"需求量大，即将售罄"。当看到这些信息时，我们开始觉得自己似乎与其他人形成了竞争，觉得大家都想抢购这件商品。因此当一件商品特别受欢迎，并且数量也有限时，它就会点燃我们的竞争意识，而且会比限时造成的稀缺带来的竞争意识更甚。[2] 大量关于稀缺的研究也佐证了这一点，即高需求造成的稀缺对我们的影响更大，因为它营造出了一种竞争氛围。美国的手工艺成品买卖平台 Etsy 就非常擅长营造这种竞争氛围。如果哪件商品数量已经不多了，比如说仅剩一件，它一定有办法让你意识到这件事，而且它还会告知你已经有多少人把它加入了购物车。接下来就看谁是那个先冲过终点线的人了！

稀缺会对我们的选择自由造成威胁，这个观念在高需求导致的稀缺中尤其普遍。[3] 我们希望自己有足够的自由与独立性，在想买的时候能买到任何东西。因此，由高需求造成的稀缺能够促使人们迅速采取行动。

亚利桑那州斯科茨代尔市一个新建的奢华楼盘就是通过营造抢手的氛围来推动销售的。它在楼盘外面立了一个显眼的标牌，用加粗的红色字体写着"90%以上已售出"。这个楼盘中一居开间标价60万美元，三居室标价100万美元。这个价位已经位居该地区公寓楼盘的前5%了。这个办法之所以奏效，不单是因为它把稀缺运用在了这个高参与度的商品中来，还因为它在不停地更新立在外面的标牌。在声称90%的房已售出之前，标牌上还写过"80%已售出"。让人们看到他们拥有一套公寓的机会已经越来越小——商品越来越稀缺——对刺激销量起到了巨大的作用。

有关需求导致稀缺的奥秘还不止如此。澳大利亚教授拉雅·罗伊（Rajat Roy）博士做了两个实验，对羡慕这种情绪以及羡慕与限量供应和需求类稀缺之间的关系进行了分析。[4] 通过研究，罗伊博士得出的结论是，当作为消费者的我们感受到羡慕之时，我们会觉得一件商品具有了更高的价值，购买的意愿也会增强，而且相比于供应端主导的稀缺，需求端主导的稀缺带来的这种效应更加明显。

有限的供应与广泛的需求

供应端主导的稀缺（比如限量供应、限量版）或许看起来与需求端引发的稀缺很相似，但两者之间还是有一些主要区别的。前者我们知道能够创造一种专属感，而后者则意味着竞争、社会认同以及商品价值。[5] 举例来说，当发现一个商品处于稀缺状态时，我们会从逻辑上认为这种稀缺是由消费者大量购买导致的，因为这个产品好。[6] 如果一个商品因为需求巨大而数量减少，也会让我们想得到它，因为得到它就让人有种"赢了"这场角逐的感觉。

过去在需求类稀缺上的经历也会影响人们如今的购买决定。举个例子，我的朋友米歇尔回忆起自己购买一个季节性活动门票的经历。她有这次购票经历是因为她记得一年前这个活动的门票曾经卖断货。这个活动与万圣节有关（是一个闹鬼的玉米迷宫），活动从9月中旬一直持续到10月底结束。有一年的10月，米歇尔打算买票时，发现每晚的迷宫活动票均已售罄。没能带丈夫与自己十几岁的孩子参加这个活动令米歇尔万分沮丧。她下决心来年绝不让这种情况再度发生。于是她注册进入了这个迷宫的电子邮件列表，确保自己能成为最先买到下一年门票的人。果然，9月临近之时，迷宫的邮件开始对外发送，通知邮件订阅者们活动票的销售情况。两周之内，一封告知订阅者门票几乎售罄的邮件发了出来。由于之前经历过门票售光的情况，米歇尔在看到这封邮件的时候当即出手把票买了下来。旺盛的需求刺激了她的购买意愿，而公司发送出来的售票动态更新邮件最终锁定了这笔交易。

不同情况下或有差别，但大多数人很难不被需求引发的稀缺影响。对于那些对身份认同有较高需求的人来说，这种类型的稀缺对他们的影响往往更大。

不要脱离群体

由需求导致的稀缺对于一个想要融入群体、寻求身份认同的人来说具有很大的吸引力。我们之前谈到过人对于独特性的需要，但我们同时还存在另一种相反的需求，那就是对认同感的需求。人从本质上来说是一种社会性动物，有成为某个群体中一分子的渴望，这是我们的生物特性。这就意味着我们或许会把群体中的其他成员当作自己行为规范与生活准则的参照系，不论这个群体是大（例如我们的同龄人或有同等社会条件的人）还是小（比如与我们有共同爱好的人，好比艺术爱好者、美食爱好者等）。这些规范包括我们有什么想法、有怎样的信仰、如何为人处世，甚至应当购买些什么。当对与众人保持一致的步调有较高的需求时，我们会根据人们购买一件产品的数量来定义这件产品的价值。我们会选那个稀缺的产品，因为其他人也在买它。

一个研究以葡萄酒为实验对象，验证空了的货架会不会影响购物者的选择。[7] 人们有两个选择，一个是货架上摆放得满满的葡萄酒，另一个是货架几乎空了的葡萄酒，绝大多数人都选择了后者。购物者认为如果这款葡萄酒很稀缺了，那么说明它一定很受欢迎——如果它很受欢迎，那么它一定是款好酒。

拥有一样受某个群体看重的稀缺商品也能表明一个人与这个社会群体同属一类人，比如球鞋收集迷。这个群体以收集球鞋与交易球鞋为乐。他们会到处搜寻爆款、卖断货的球鞋款式。通常他们能以购买价的两倍甚至四倍的价格把球鞋倒手转卖出去。从这个群体手中买球鞋的人也愿意支付高额的溢价，因为他们知道这些鞋已经卖断货了，因此不希望再错失这个买到它们的机会。

大家都在这么干

我们知道稀缺会增强人对价值的感知，不过当一个物品的稀缺是由高需求所致时，这种情况更为显著。[8] 这种情况与从众效应一致，也就是说，人总是更喜欢大受欢迎的商品，因为受欢迎程度大约能够体现出商品的品质。从众效应指的是人对某个商品的需求会因为别人消费了同款商品而有不同程度增加的现象。[9]

从众效应的基本概念在于，我们对一个商品的偏好程度与其他购买这款商品的人数之间存在一种关系。[10] 这个逻辑在于，人们认为风靡的商品之所以受欢迎，一定是因为它的质量好，于是会加入这个阵营。这个效应在不同市场领域与行业中都能看到，比如餐饮业以及不计其数的各类活动。简单来说，当大量人群想要得到一样商品时，我们也希望得到它。这种情况与同伴压力也有一定的关系。

有一个问题很多人在十几岁的时候大概率都被问到过："如果你所有的朋友都跳下悬崖，你会不会也这么做？"这个问题你甚至可能也问过自己的孩子。除了随大流、与众人保持一致的心理，同伴压力也是一个能够影响我们如何看待商品甚至影响我们如何做决定的实际因素。在亚利桑那州，新冠病毒疫苗接种大面积开展之时，高速公路上的电子标识开始显示已接种过疫苗的亚利桑那居民人数。它并没有简单地敦促人们去接种，而是用了一条这样的信息："已接种 780 万剂，计数仍在增加。快来接种吧。"换句话说，好几百万人已经做了这件事，你还不去吗？

同伴压力对人的行为，甚至成年人的行为有什么样的影响，有关这个问题的研究有很多。挪威的一个研究团队发现，就餐的同伴中如果有人留下的小费金额较高，其他人各自留下的小费金额也会增加。[11] 根据这个发现，如果你的朋友给了较多小费，你大概率也会给出较多的小费，反之亦然。谈及同伴压力时，我们也需要考虑人们是如何与他人保持一致的。

北京的一家连锁餐馆请来一组研究人员帮忙寻找能够改善菜单上某些菜品销量的方法。[12] 对于一本包含 60 道热菜的厚菜单来说，这并不是一件容易的事。不过研究人员还是通过在菜单上做一个小小的改进动作，大幅增加了 5 道菜的销量。

研究团队做了很多个试验，其中一个是把销量最高的 5 道菜在前一周内售出多少份的信息随机地透露给一些前来就餐的顾客。两种效果得到了研究人员的验证：凸显效应与观察学习效应。"凸显"是认知心理学中一个常见的概念，指的是脱颖而出的某种刺激因素。按照这个理论，一旦看到别人从菜单中做出的选择，这个选择在食客的眼中就凸显了出来。除此之外，服务员向顾客提及这些作为试验对象的菜品，也有可能引起凸显效应。"观察学习"在这个研究中指的是，顾客可能会仅凭他们对其他顾客的选择所做的观察就决定点这些受欢迎的菜。这个研究中还有一个发挥了作用的概念，你有必要了解一下，那就是"一致性"。按照一致性的概念，人们有可能选择其他顾客在菜单中选择的菜品是因为他们想要与其他顾客的行为保持一致。

所以，当顾客们看到最受欢迎的 5 道菜时发生了什么呢？人们对这些菜的平均需求从 13% 上升到 20%，而这一点得益于一致性观念。考虑到研究人员所做的不过是对菜单上的标签做了一个小小的改动，透露了菜品的热门程度，这个结果可以说非常不错了。不单是餐馆，这对于任何企业来说都是多么容易实现的一个技巧啊。

简直卖爆了，拦都拦不住！

但凡你在社交媒体上逗留，即使只有一分钟，你也会暴露在各种强调某产品或服务大受欢迎的营销信息中。这些信息往往表达得非常微妙，比如"补货上架"或"余票已不足"等。这样的表述暗示出背后的需求高涨，激起人们担心错失的一种心理（我们在本书前文中曾有探讨）。我们不希望错过人人都在做或在买的事物。

与许多其他的零售商一样，诺德斯特龙百货店也会通过社交媒体着重推送新品。其中一条帖子推销的是店里新上架的两款耐克气垫鞋。这个帖子一经发布就引发了一阵热议，很多都与在哪里能买到这几款商品有关。一位客户问到自己所在的门店中是否有售，因为他的鞋码在网上已经断货了。诺德斯特龙是怎样回应的呢？基本上都会先致歉，再加上一句说明，告知顾客在网上卖断货的鞋子在门店中同样已售罄，没有补货的机会了。换句话说，那位顾客就这样错过了。这款鞋子的需求太过火爆，想要为自己买一双已然太迟。

家庭购物网利用大众对产品需求高涨的情绪已有几十年的历

史。它能让购物者实时看到有多少件产品已经售出，由此激发人们害怕错失的心理。

在一个由亚马逊雄霸天下的市场中，QVC 公司（三个字母分别代表着品质、价值与便捷）找到了自己的位置，保持着自己在网络电视购物领域的市场份额。QVC 购物频道每周会在美国推销 770 种商品，每名购物者每年在 QVC 购买的商品平均金额超过了 1200 美元。[13] QVC 自豪地称，在 QVC 购物是一种社会体验，而不是一桩交易，它与其他线上零售商不一样。QVC 及其他家庭购物平台之所以能取得巨大的成功，不仅在于它们提供了一种社会体验，还因为它们运用了稀缺策略。

一天早晨，QVC 的主持人帕特·詹姆斯-德门特里（Pat James-Dementri）站在一个叠挂着吊带内搭与女式衬衫的衣架旁边。她告诉观众，如果当时下单，就可以享受 7 折优惠（与时间限制有关的稀缺），敦促大家不要等了。在录制画面之外，一名节目制作人一直盯着两块屏幕：一块显示拨进来的电话数量，另一块显示各颜色与尺码剩下的商品数量。显然那件酒红色的衬衫是那天早上最受欢迎的商品。一块实时数据显示屏大大激发了购物者的紧迫感。这名制作人通过耳机悄悄告诉詹姆斯·德门特里，这件酒红色的衣服需求量非常高。紧接着，詹姆斯·德门特里兴奋的惊呼声便传到了将近 1 亿户家庭中："这件酒红色衬衫简直卖爆了，拦都拦不住！"[14] 事实也是如此，主持人激情澎湃的渲染更起到了推波助澜的作用。

许多人会把 QVC 与年龄偏大一点的人群联想到一起，不过这家公司已经在采取措施吸引更大范围的受众。收购了竞争对手家庭购物网之后，QVC 已经成为北美市场第三大电子商务零售商，仅次于沃尔玛与亚马逊。

稀缺的运用在整个 QVC 网站上随处可见。"潮流趋势"是网站主要导航栏中的一个页面。一进入这个页面，一个大标题就会跃然于眼前："QVC 的新潮流：看看是什么让每个人蠢蠢欲动。"这正是高需求起作用的地方。QVC 还做了一件别的网上零售商不见得会做的事：引入"等待名单"。

由于家庭购物网在稀缺的运用上做得非常成功，所以我想找一个在这方面有第一手经验的人来聊一聊。还能有谁比凯文·哈林顿更适合谈稀缺这个话题呢？还记得我们在第一章中介绍过的吗？凯文是电视节目《创智赢家》中元老级的投资嘉宾（节目中称为"鲨鱼"）、电视购物节目的开创者以及通过广告语"参见电视广告"进行客户引流的行业先锋。谈及稀缺在营销中的应用时，凯文提到了早些年他在家庭购物网的经历。他说家庭购物网与 QVC 都会销售其他公司的商品，并且会在某个特别活动之前提前预订好库存。比如说家庭购物网打算预订 5000 件某个产品，然后主持人会告诉你"我们仅有 5000 件可售"，而这也是事实。

很多年以来，总有人会问凯文家庭购物网说的这些话是不是真的。"一旦售罄，就真的没有了"，类似这样的表述听起来像是一种推销商品的营销话术，但对于家庭购物网来说，它如果这么说，那么百分之百是这种情况。不仅因为有相关的营销法规需要遵守（包括关于广告真实性的法律，它为营销人员可以宣传什么内容提供了指导原则），还因为有关产品即将售罄的表述本意上更多是为了提供信息，而不是诱导。购物频道中出现产品稀缺的情况是因为公司只会提前采购一定数量的商品。那么为什么这种模式会起作用呢？

试想你舒舒服服地坐在客厅里，悠闲地看着一个购物频道。一个播出中的产品引起了你的关注。主持人解释说只剩 1000 件了，这时她拿到了更新的数据，顿了顿之后接着说"等等，只有 95 件了"。这时候你坐直了身子，开始认真考虑是不是有必要买一件。继续看了 10 分钟之后，主持人突然提醒："仅剩最后 5 件！"紧接着她补充说明了一句："这款产品我们可能以后都不会再上架了，就算有返场，那也会是 3~6 个月以后的事了。"这时你会怎么做呢？

从我们对稀缺的了解来看，你有很大的可能性会马上跳过购买决策的考虑阶段，当时直接把它买下来。这就是稀缺的神奇之处。

你同时身处在供应导致的稀缺（仅有一定数量可供购买）、

需求所致的稀缺（因为广受欢迎产品会迅速售空）以及时间导致的稀缺（你只能在特定的时段内购买产品）中。到头来，担心错失的心情会强烈到让你再也无法无动于衷。

避免欺客

在稀缺的诸多类型中，需求所致的稀缺往往是最容易涉及欺骗的一种，因为它比较容易操纵。一件商品由于确实太受欢迎导致供应量不足是一回事，但在广告措辞上做文章，让人以为甚至误以为某件商品很抢手，这就是另一回事了。营销人员为了制造稀缺而有意限制商品数量时都极为小心。如果人们发现所谓的稀缺是人为操纵的或者只是假象，这种噱头反而会对产品与品牌形象造成负面影响。

回到我们前面提到的豪华公寓楼盘的例子，如果一名潜在客户预约好去看那剩下的 10% 的房源，却发现竟然还有一半房源在售，会是什么样的情形呢？自不必说，这名潜在客户恐怕一间房都不会买，还会觉得上了当。于是他极有可能把自己的经历告诉他人，就此把公司欺骗客户的行为传开。因此营销人员需要借鉴的一点是，拿畅销当说辞得非常谨慎。一定不要出现高涨的需求其实是编造出来的情形。

由需求所致的稀缺

传达商品大受欢迎的信息有很多种不违背道德、真心实意的方式。我们来一并了解一下。

购买限制

购买限制属于一种需求所致的稀缺。假如说你在一家超市看到麦片在搞促销,于是你决定买一盒,但就在这时,你注意到一个标识说明"每人限购 3 盒"。读到标识的时候,你会认为这个促销活动引起了需求的暴增,因此你也决定买足 3 盒。你不想错过这个机会!

这个技巧一直以来都十分奏效,因此很多商店也在不断使用。还记得我们在第二章中提到的一项研究吧,它对美国一家大型连锁超市的销售数据做了分析,发现在 80 周的时间内,采用了类似于上述销售限制方法的商品销量得到了大幅提升。[15] 下一次做促销的时候,对可供购买的数量加以限制或许对企业来说是明智之举。

畅销品

从书本到化妆品,再到音乐,畅销清单对人们有非常大的影响,因为它表明了一样事物的受欢迎程度。拿不定主意该买什么时，你大概会被那个被标为畅销品的东西吸引。商品间的这种区分能够帮我们进入一种无意识的决策模式，因为畅销品或许不见得会缺货，但它表达出了商品需求量大、销量高的意思。

试想你走进一间大书店时没有明确的购买目标。你可以花上几个小时漫无目的地穿行在一排排书架间，也可以径直走到标示着"畅销书"的展区。如果你从中选了一本书，你会有种默认心理，觉得"那么多人都买，一定不会错"。

我的朋友珍妮特给我讲了一个她自己碰到畅销品的故事。珍妮特与她的丈夫刚刚换掉了屋后的推拉门，想把窗帘也顺便更换掉。两人决定去定制窗帘。窗帘的销售代表坐下来与珍妮特一起翻阅各种布料选项，着重提到了其中一款面料在家居设计师那里卖得最好。从那一刻起，珍妮特就只对这款"最畅销"的面料感兴趣，不再去考虑其他选项了。

把商品或服务标示为"最受欢迎"的选择也会产生同样的效果，因为从本质上来说，它传达的意思是一样的：别人都在买，说明它一定不错。

从企业的角度来说，重点突出某些最受欢迎或最畅销的产品或服务能够激发人们害怕错失的心理，因为我们都不想成为那个被落下的人。同时，它还能增加人们在做出购买决定时的信心，因为如果一件东西的需求非常旺盛，它一定是好东西。当你为某件东西贴上"最畅销"或"最受欢迎"的标签时，基本等于你为这件商品盖上了一个表示认可的特殊印章。

补货上架

说明一件商品现已补货上架，就表明这件商品很受欢迎，而且曾经售罄过。这是一个简单易行又很常见的手法，因为你只需挂一个标识，告知众人这个商品已返场，可再次购买了。有的公司，比如优衣库、UGG 以及威廉姆斯-索诺玛（Williams-Sonoma），甚至会发邮件提醒客户商品已返场。

剩余商品数

在本书第五章中，我们曾讲到埃丽卡在一个美容化妆品网站上的购物经历。它讲述的正是一个以不道德的方式利用稀缺的故事，是需要避免的一种做法。前文中我们没有对页面上"仅剩1件"的标注导致埃丽卡急着下单购买的原因做深入探讨，所以不妨现在来看一看。

就算一款商品不够稀缺，只要标明库存处于低位，比如说明"仅剩 3 件"，同样也能触发稀缺所能达到的效果。[16] 有一项研究为了验证这个理论，追踪了一个大型电子商务网站上 35 000 册书的销售情况。每个商品页面上都显示了关于这本书的基本信息，包括价格、评分、出版日期以及销售榜排名等。除此之外，产品页面上还有一条体现稀缺性的信息，显示的是库存量以及发货截止时间（即"接下来 × 小时内下单可确保明天到货"）。经过两周的数据追踪，研究团队在分析完数据之后得出的结论是，添加一条关于剩余数量的稀缺信息会促进销量，但这个效果主要发生在客户深入购买过程中，即客户从随意浏览进入有目的的购买状态。企业这时就得到了要么通过线上平台进行销售，要么通过自己的官方网站推销产品或服务的机会。告知用户还剩多少库存有助于推动销售，但一定要确保这个说法是真实准确的。

除了零售行业之外，利用高涨的需求对服务型企业来说也十分奏效。在网站上通过简单的陈述表明公司已经服务过多少客户，或表明哪些公司是自己的客户，都能让人感觉出公司的受欢迎程度。在此基础上，销售人员的一两句话，比如"我们只能再接待两名客户了"，也能激活需求导致的稀缺，让人产生害怕错失的情绪。

缤客在如何使用这种类型的稀缺上也是一个极佳的例子。当这家价值数十亿美元的公司第一次把每家酒店在某个价位下可供预订的房间数量显示在网站上时，房间预订量直线飙升，预订量之大一度让客服团队以为系统出了问题。[17] 实际上导致预订量一飞冲天的是稀缺的强大力量。当看到能够以某个低价位下单的机会有限时，客户会产生必须出手的紧迫感。

与显示还有多少剩余库存的做法类似，使用高需求稀缺的另一种方式是显示已售出的数量。举例来说，网站上可以显示同一天内一家酒店已经被预订过多少次，或一件商品已经售出了多少件。

等待名单

等待名单不仅说明一件商品的需求非常旺盛，对于名单上的人还意味着仍有购得这件热卖商品的机会，只不过需要耐心等一等。美国时装品牌香蕉共和国（Banana Republic）大力推销了一款标价 198 美元的夹克，创造出了购买需求。[18]然而这家零售商后来把发货量降到了平时的一半，导致等待客户名单上的名字像潮水一样涌来。通过排队名单释放出需求旺盛信号的例子还有很多，比如汽车公司、高尔夫球杆制造商、私立学校、公寓楼盘以及其他非零售行业的机构。Robinhood 是一个免佣金的股票交易平台软件，它在上线前一年就有了一个排了将近 100 万人的等待名单。2018 年，公司故技重施，宣布了一个排队参与免佣金加密货币交易的等待名单。一天之间，清单上的人数一路增长，超过了 125 万。[19]

如果所有此类公司与行业都能成功地释放出产品或服务需求量很高的信号，为什么不在产品或服务发布之前就创建一个等待名单，如法炮制？让客户知道，产品或服务受需求的影响极有可能（再次）脱销。或者，也可以按照产品或服务的发布日期，告知名单上的客户可以先于其他人进行购买。

如我们所知,各种类型的稀缺都能够很好地服务于企业,因为它意味着竞争与社会认可,能让人对产品产生远高于低需求商品的价值感知。

那么问题来了,了解了这么多,下一步应该怎么做?

本章要点

- 如果一个物品是由高需求导致出现了稀缺，而不是因为其他原因（比如限量供应或限时供应），人们对它的价值感知会更强烈。

- 这种形式的稀缺制造出一种紧迫感，因为人们相信一旦商品售罄，得到它的机会也就一去不复返了。

- 高需求所致的稀缺会促使我们即刻采取行动。

- 高需求所致的稀缺对于想要融入某个群体或需要寻求身份认同的人来说具有较大的诱惑。

- 通过设置销售限制、标示畅销品、告知补货上架、标示剩余在售数量或要求登记排入等待名单等方式，企业可以让人们在稀缺的作用下纷纷行动起来。

第十章

接下来从哪儿做起？

今日新闻网站（Today.com）登出了一条抢眼的头版新闻《奥斯卡·梅耶尔携博洛尼亚红肠面膜重磅登场》。[1] 是的，你没有读错。奥斯卡·梅耶尔（Oscar Mayer），这家以博洛尼亚红肠与朗朗上口的歌词"我的红肠有名字，它叫奥斯卡"而闻名的肉类食品公司，与韩国美容护肤公司首尔妈妈（Seoul Mamas）合作打造了一款限量版片状面膜。这款面膜面向的是记得儿时那个年代孩子们会在肉肠上咬几个洞当作眼睛与嘴巴，然后一把把肉肠盖在脸上玩耍的人。这个创意本是为博奥斯卡·梅耶尔的粉丝与美容护肤爱好者一笑的。当然，面膜用的不是孩子们幼时常用来玩耍的肉肠，按照奥斯卡·梅耶尔的母公司卡夫亨氏（Kraft Heinz）的新闻描述，它采用了"一种具有补水与修复功能的水凝胶"，用来"增强皮肤弹性、改善水合功效与保湿功能,具有消炎功效,起到保护皮肤的作用"。面膜定价为 4.99 美元,在亚马逊网站上进行销售。就在产品发布后的数小时内,这款面膜销售一空。

卡夫亨氏在一份新闻声明中称这款面膜的需求远远超过预期,它成了亚马逊上美容与个人护理品类中排名第一的新品,仅在开售后的 12 小时内就冲到了面膜销量榜的第三名。卡夫亨氏继续解释道,公司正在快马加鞭地同销售方与亚马逊一道努力,希望能在接下来的几天中完成补货。与此同时,消费者也被告知要把这款面膜加到自己的亚马逊愿望清单中,时不时查看一下可售状态。

奥斯卡·梅耶尔面膜一经推出就迅速在消费者中激荡起了一种怀旧情绪,但它同时也触发了稀缺所需的心理因素。奥斯卡·梅耶尔在照片墙上创建了多个帖子,其中一个是它在产品发布与售罄之后不久宣布未来几天会在亚马逊上补货的声明。由于使用了"补货"这个词,仅这一条帖子就引发了粉丝们各种各样的讨论,许多人表达了自己担心错过、强烈希望能够亲手拿到面膜的心情。各大新闻媒体,包括《今日美国》,都报道了这款面膜卖断货以及即将补货上架的消息。[2]

如果把奥斯卡·梅耶尔这款面膜脱销的事分解来看,我们会发现许多在前面的章节中探讨过的理论。面膜在售罄之前与之后的各种新闻报道将其宣扬成一款"供应量有限"的"限量版"产品，对我们来说这是一个可靠的信息来源。不仅如此，我们还发现，当人们相信其他人会受到新闻报道的影响之时，自己就会立即采取行动。消费者一哄而上去亚马逊购买面膜。结果由于这款面膜显然是一种限量版商品，而且仅在短短的一段时间内限量销售，那些追求独特性的消费者就按捺不住了。此外，品牌方还有一点做得特别好，它们在产品发布之前就开始造势，点燃了消费社群的兴奋点，让人觉得整件事妙趣横生。

或许你不会设计与销售一款长得像红肠的面膜，但是奥斯卡·梅耶尔的例子，以及我们在前几章中提到的案例研究都有很多可以借鉴的地方。你可以像奥斯卡·梅耶尔一样运用"限量版"或制造"供应端相关的稀缺"，也可以像 QVC 一样，关注如何制造"需求端相关的稀缺"，你还可以借鉴星巴克与科尔士百货的做法，运用"限时相关的稀缺"。

我们现在慢慢了解到的种种故事、手法以及策略都可以在你做销售决策的过程中提供指导，包括采用哪种类型的稀缺手段、什么时候运用它，以及如何在遵守道义的前提下执行这样的策略。

稀缺影响我们每一个人，且影响至深

当我告诉朋友们我在写一本有关稀缺的书时，他们十有八九会很快给我讲一些发生在自己身上、贴合我写作主题的故事。比如我会听到他们某一次排在门店外等着购买限售商品的经历，或他们是如何因为某个俱乐部只对少数人开放而想办法加入其中的。这些故事中涉及的花销或大或小，但我发现他们显然没有意识到他们的购买决定是以稀缺为依据的。事实上，他们并没有停下来思考过是什么促使他们做出了决定。我能保证我分享的每一个人的故事都是这种情形。我们不仅没有意识到自己如此频繁地暴露在稀缺信息中，还常常意识不到是稀缺促使我们采取了行动。

或许读到此书之前，你也不例外吧。不过我打赌你现在已经能用一种不同的眼光来看待这些问题了。

最开始研究稀缺的时候，我以为自己对稀缺之于人尤其是之于消费者有什么样的影响，是有一些见解的。然而我很快发现稀缺非常复杂，也有很多切面。它是一个让研究人员在数十年来都十分着迷的课题，围绕它所做的研究也不计其数，而最后的结果是非常明确的：稀缺能够影响我们，促使我们想要去购买，即使我们自己并没有意识到。

稀缺不是一个简单的概念，也不是供需关系可以完全涵盖的。举例来说，如果你要销售的是奢侈品，并且目标客户是想要区别于他人的人，那么你的关注重点应当放在供应量的限制，而不是刺激广泛的需求上。反之，如果你的目标客户有跟上众人步调的强烈需求，他们就会想要得到那些热门商品，被那些因为过于抢手而难以获得的商品吸引，这时你应该把重点放在需求端。

稀缺有很多层次，也很复杂。在某些情况下，它会促使我们快速做出决定，或是走一条心理捷径；在另一些情况下，我们会寻找那些货架上所剩无几的商品，而不是库存充足的同类商品。

打造忠诚度，培育社群，深化关系

稀缺可以成为增加营收的催化剂。这是我通过研究与实践了解到的。然而随着我投入更深层的研究、采访了许多客户与不同品牌的高管，有一点也明朗了起来，那就是稀缺还能产生许多不易被人察觉但威力不可谓不大的积极作用。

麦当劳会时不时推出一些限时产品，比如猪排堡，由此与客户形成了互动，为客户带来了很多乐趣。Lectric eBikes 通过客户等待名单制造出了兴奋与期待。哈里与戴维把客户集中到一些能够获得限量产品的专属群组中，培育出了自己的社群。

稀缺是世界上最强大的影响力策略之一，它能够改变企业的发展方向，促成人在事业上的成功。你在考虑应当怎样运用、何时运用稀缺这种不可思议的力量时，请谨记温斯顿·丘吉尔的金玉良言：

力量越大，责任越大。

稀缺类型一览

需求类稀缺

这是由于产品太受欢迎,人们的需求高涨,导致产品出现短缺时所产生的稀缺现象。

限量版稀缺

它属于供应类稀缺的一种形式。这种稀缺是"内置"的,即生产的商品数量是被有意限制的。限量版商品通常是在常规产品的基础上做过调整的产品版本,它迎合的是对专属性有需要的人群。

供应类稀缺

这是因为没有足够的商品可售而出现短缺的稀缺现象,因此每当一名客户购买到这种稀缺商品,剩余可售商品的数量就会减少。

限时类稀缺

这是可供购买商品的时间有限制时会出现的稀缺现象。

致谢

写一本书并非易事,在没有外部支持与帮助的情况下很难完成。所以我的感激之情该从何说起呢?

首先我想对我的著作代理人辛西娅·齐格蒙德表示特别的感谢,是她帮我把想法变成了现实。她花了大把的时间帮我把想法加以丰满,一路走来给了我很多高明的反馈意见。她耐心地回答我脑中突然蹦出来的各种问题,给出了绝佳的建议。辛西娅,没有你,就不会有这本书的最终落地。

接下来,我要感谢麦格劳-希尔出版集团的编辑团队,尤其是谢里尔·塞格拉。从我们在 Zoom 上进行第一次沟通起,我就知道她是我想要一起合作的人。谢里尔让整个编辑过程变成一种享受,还给出了很多非常棒的建议。她一页一页地让这本书脱胎换骨,让我如何能不喜欢我们对日常生活中各种稀缺现象的探讨呢？谢里尔，我对你无比感激。

着手写这本书的时候，我知道我想做的不只是对稀缺做理论上的阐述，而是要与实际相结合。还有什么是比从商界的成功人士那里获得一手的叙述资料更好的方式呢？我的采访对象愿意花时间分享他们的见解，这种慷慨的程度完全超乎我的想象。感谢凯文·哈林顿、吉姆·麦卡恩、迪恩·巴雷特、利瓦伊·康洛、戴维·科根、梅琳达·施皮格尔以及杰里米·尼科尔森博士，是你们的故事让这本书中的信息活了起来。而且在每次采访过程中，我都感觉自己学到了新的东西。非常感谢诸位。

我要感谢罗伯特·西奥迪尼博士审阅我的手稿，对我多有鼓励。我从心底尊重您、感谢您，也非常享受我们的对谈。

我还要特别感谢大峡谷大学的兰迪·吉布博士与艾莉森·梅森博士，感谢你们在我完成这本书的过程中一直非常支持我。你们二位给我了巨大的鼓励，感谢你们愿意与我同享热情与兴奋。

最后，我要感谢我的丈夫，迈克。我已经记不清在多少个日夜里，我把关于稀缺与这本书的新想法丢出来轰炸他，而他总是耐心地听我在一旁喋喋不休。谢谢你，迈克。

注释

前言

1. https://www.nytimes.com/1996/12/22/nyregion/elmo-the-spirit-of-christmas.html.
2. Kastrenakes, J."Beeple Sold an NFT for $69 Million." *The Verge*, March 11, 2021. https://www.theverge.com/2021/3/11/22325054/beeple-christies-nft-sale-cost-everydays-69-million.

第一章 稀缺是种影响力

1. Kanfer, S. *The Last Empire: De Beers, Diamonds, and the World*. New York: Noonday Press, 1995.
2. Friedman, U. "How an Ad Campaign Invented the Diamond Engagement Ring." *The Atlantic*, February 13, 2015. Retrieved from https://www.theatlantic.com/international/archive/2015/02/how-an-ad-campaign-

invented-the-diamond-engagement-ring/385376/.
3. John, M., Melis, A. P., Read, D., Rossano, F., and Tomasello, M. "The Preference for Scarcity: A Developmental and Comparative Perspective." *Psychology & Marketing* 35, no. 8 (2018), 603–615. doi:10.1002/mar.2 1109.
4. Huijsmans, I., Ma, I., Micheli, L., Civai, C., Stallen, M., and Sanfey, A. G. "A Scarcity Mindset Alters Neural Processing Underlying Consumer Decision Making." *Proceedings of the National Academy of Sciences* 116, no. 24 (2019), 11699–11704. https://doi.org/10.1073/pnas.1818572116.
5. Kwon, W., Deshpande, G., Katz, J., and Byun, S. "What Does the Brain Tell About Scarcity Bias? Cognitive Neuroscience Evidence of Decision Making Under Scarcity." *International Textile and Apparel Association Annual Conference Proceedings* 74, no. 41 (2017). https://doi.org/10.31274/itaa_proceedings-180814-374.
6. Morrison, M., "Secret McRib Network Defunct as McD's Rolls It Out Nationwide." *Advertising Age* 81, no. 39 (2010), 3–24.

第二章 得不到的诱惑

1. Pennebaker, J. W., Dyer, M. A., Caulkins, R. S., Litowitz, D. L., Ackreman, P. L., Anderson, D. B., et al. "Don't the Girls Get Prettier at Closing Time: A Country and Western Application to Psychology." *Personality and Social Psychology Bulletin* 5, no.1 (1979), 122–125.
2. Brehm, J. W. *A Theory of Psychological Reactance*. New York: Academic Press, 1966.
3. Rosenberg, B. D., and Siegel, J.T. "A 50-Year Review of Psychological

Reactance Theory: Do Not Read This Article." *Motivation Science* 4, no. 4 (2018), 281–300. doi:10.1037mot0000091.
4. Zemack-Rugar, Y., Moore, S. G., and Fitzsimons, G. J."Just Do It! Why Committed Consumers React Negatively to Assertive Ads." *Journal of Consumer Psychology* 27, no. 3 (2017), 287–301. doi:10.1016/j.jcps. 2017.01.002.
5. Rummel, A., Howard, J., Swinton, J. M., and Seymour, D. B."You Can't Have That! A Study of Reactance Effects & Children's Consumer Behavior." *Journal of Marketing Theory and Practice* 8, no. 1 (2000), 38–45.
6. Kowarski, I."11 Colleges with the Lowest Acceptance Rates." *US News*, November 10, 2020. https://www.usnews.com/education/best-colleges/the-short-list-college/articles/colleges-with-the-low-est-acceptance-rates.
7. Levitz, J., and Korn, M. "How Rick Singer's 'Side Door' Worked in College Admissions Scandal." *Wall Street Journal*, September 22, 2021. https://www.wsj.com/articles/how-rick-singers-side-door-worked-in-college-admissions-scandal-11632312003?mod=article_inline.
8. Lartey, J. "Felicity Huffman Among Dozens Charged over Admissions Fraud at Top US Schools." *The Guardian*, March 12, 2019. https://www.theguardian.com/us-news/2019/mar/12/us-college-admissions-fraud-scheme-charges-georgetown-southern-california-universities.
9. Drell, C. "What Is the College Admissions Scandal? Lori Loughlin and Felicity Huffman Were Indicted." *Marie Claire*, March 15, 2019, https://www.marieclaire.com/politics/a26801201/college-admissions-bribery-scandal-felicity-huffman-lori-loughlin/.
10. Hathcock, M."Say Goodbye to Hobby Lobby's 40% off Coupon." *The Krazy Coupon Lady* blog. TheKrazyCouponLady.com, February 12,

2021. https://thekrazycouponlady.com/tips/couponing/hobby-lobby-discontinuing-40-off-coupon.
11. "KCL Press." The Krazy Coupon Lady. Accessed January 22, 2022. https://thekrazycouponlady.com/press.
12. Hathcock."Say Goodbye to Hobby Lobby's 40% off Coupon."
13. "Hobby Lobby Eliminates Its Famous 40% off Coupons." Coupons in the News, January 28, 2021. https://couponsinthenews.com/2021/01/28/hobby-lobby-eliminates-its-famous-40-off-coupons/.
14. Birnbaum, G. E., Zholtack, K., and Reis, H. T. "No Pain, No Gain: Perceived Partner Mate Value Mediates the Desire-Inducing Effect of Being Hard-to-Get During Online and Face-to-Face Encounters." *Journal of Social and Personal Relationships* (2020).
15. Griskevicius, V., Goldstein, N. J., Mortensen, C. R., Sundie, J. M., Cialdini, R. B., and Kenrick, D. T. "Fear and Loving in Las Vegas: Evolution, Emotion, and Persuasion." *Journal of Marketing Research* 46, no. 3 (2009), 384–395.
16. Hamilton, R., Thompson, D., Bone, S., Chaplin, L. N., Griskevicius, V., Goldsmith, K., et al. "The Effects of Scarcity on Consumer Decision Journeys." *Journal of the Academy of Marketing Science* 47, no. 3 (2019), 532–550. doi:10.1007/s11747-018-0604-7.
17. Griskevicius, Goldstein, Mortensen, Sundie, Cialdini, and Kenrick."Fear and Loving in Las Vegas."
18. Inman, J. J., Peter, A. C., and Raghubir, P. "Framing the Deal: The Role of Restrictions in Accentuating Deal Value." *Journal of Consumer Research* 24, no. 1 (1997), 68–79. https://doi-org.lopes.idm.oclc.org/10.1086/209494.
19. Wansink, Brian, Kent, Robert J., and Hoch, Stephen J. "An Anchoring

and Adjustment Model of Purchase Quantity Decisions." *Journal of Marketing Research* 35, no. 1 (1998), 71–81. doi:10.2307/3151931.
20. Johnco, C., Wheeler, L., and Taylor, A. "They Do Get Prettier at Closing Time: A Repeated Measures Study of the Closing-Time Effect and Alcohol." *Social Influence* 5, no. 4 (2010), 261–271. https://doi-org.lopes.idm.oclc.org/10.1080/15534510.2010.487650.

第三章 给大脑一点喘息之机

1. Wansink, B., and Sobal, J."Mindless Eating: The 200 Daily Food Decisions We Overlook." *Environment and Behavior* 39, no.1 (2007), 106–123.
2. Yarrow, K. *Decoding the New Consumer Mind: How and Why We Shop and Buy*. San Francisco: Jossey-Bass, 2014.
3. Jackson, T., Dawson, R., and Wilson, D. "The Cost of Email Interruption." *Journal of Systems and Information Technology* 5, no. 1 (2001), 81–92. https://doi.org/10.1108/13287260180000760.
4. Zhu, M., and Ratner, R. K. "Scarcity Polarizes Preferences: The Impact on Choice Among Multiple Items in a Product Class." *Journal of Marketing Research* 52, no. 1 (2015), 13–26.
5. Adams, K. "Famous Kentucky Whiskey Heist 'Pappygate' Coming to Netflix in New Documentary." *Louisville Courier Journal*, July 20, 2021. https://www.courier-journal.com/story/entertainment/movies/2021/06/24/netflix-documentary-series-features-kentucky-pappygate-whiskey-heist/5318783001/.
6. Hall, G. A. "Rare Kentucky Bourbon Stolen in Apparent Inside Job." *USA Today*, October 16, 2013. https://www.usatoday.com/story/money/business/2013/10/16/pappy-van-winkle-bourbon-stolen/2997065/.

7. Associated Press. "'Pappygate' Ringleader Gets Time in Prison . . . Where There's No Bourbon." *Courier Journal*, June 1, 2018. https://www.courier-journal.com/story/news/2018/06/01/kentucky-bourbon-pappy-van-winkle-theft-ringleader-sentenced-prison/663923002/.
8. Costello, D. "Judge's Order Lets 'Pappygate' Ringleader out of Prison After 30 Days." *Courier Journal*, June 29, 2018. https://www.courier-journal.com/story/news/crime/2018/06/29/pappygate-leader-released-prison-after-30-days/746225002/.
9. Romano, A. "Bruno Mars' Las Vegas Shows Sold Out in Minutes—Here's How You Can Still Attend." *Travel+Leisure*, May 6, 2021. https://www.travelandleisure.com/trip-ideas/bruno-mars-park-mgm-hotel-las-vegas-package.
10. Schoormans, J. P. L., and Robben, H. S. J. "The Effect of New Package Design on Product Attention, Categorization, and Evaluation." *Journal of Economic Psychology* 18 (1997), 271–287.
11. Brannon, L. A., and Brock, T. C. "Limiting Time for Responding Enhances Behavior Corresponding to the Merits of Compliance Appeals: Refutations of Heuristic-Cue Theory in Service and Consumer Settings." *Journal of Consumer Psychology* 10, no. 3 (2001), 135–146. doi:10.1207/s15327663jcp1003_2.
12. Goldsmith, R. E., Lafferty, B. A., and Newell, S. J. "The Impact of Corporate Credibility and Celebrity Credibility on Consumer Reaction to Advertisements and Brands." *Journal of Advertising* 29, no. 3 (2000), 43–54. doi:10.1080/00913367.2000.10673616.
13. Engelmann, J. B., Capra, C. M., Noussair, C., and Berns, G.S. "Expert Financial Advice Neurobiologically 'Offloads' Financial Decision-

Making Under Risk." *PLoS ONE* 4, no. 3 (2009), e4957. doi:10.1371/journal.pone.0004957.

14. DeLamater, J. D., Myers, D. J., and Collett, J. L. *Social Psychology*. Boulder, CO: Westview, 2015.

15. Klucharev, V., Smidts, A., and Guillén, F. "Brain Mechanisms of Persuasion: How 'Expert Power' Modulates Memory and Attitudes." *Social Cognitive & Affective Neuroscience* 3, no. 4 (2008), 353–366. doi:10.1093/scan/nsn022.

第四章 错失恐惧症：相比得到，为什么我们更害怕失去？

1. Mellers, B. A., Yin, S., and Berman, J. Z. "Reconciling Loss Aversion and Gain Seeking in Judged Emotions." *Current Directions in Psychological Science* 30, no. 2 (2021), 95–102. doi:10.1177/0963721421992043.

2. DeLamater, J. D., Myers, D. J., and Collett, J. L. *Social Psychology*. Boulder, CO: Westview, 2015.

3. Mellers, Yin, and Berman. "Reconciling Loss Aversion and Gain Seeking in Judged Emotions."

4. DeLamater, Myers, and Collett. *Social Psychology*.

5. Charpentier, C. J., De Martino, B., Sim, A. L., Sharot, T., and Roiser, J. P. "Emotion-Induced Loss Aversion and Striatal-Amygdala Coupling in Low-Anxious Individuals." *Social Cognitive & Affective Neuroscience* 11, no. 4 (April 2016), 569–579. doi:10.1093/scan/nsv139.

6. Bar-Hillel, M., and Neter, E. "Why Are People Reluctant to Exchange Lottery Tickets?" *Journal of Personality and Social Psychology* 70, no. 1 (1996), 17–27.

7. Risen, J. L., and Gilovich, T. "Another Look at Why People Are

Reluctant to Exchange Lottery Tickets." *Journal of Personality and Social Psychology* 93, no. 1 (2007), 12–22.

8. Kahneman, D., and Tversky, A. "Prospect Theory: An Analysis of Decision Under Risk." *Econometrica* 47, no. 2 (1979), 263–292.

9. Seaton, P. "'I Hate to Lose More Than I Love to Win.' How Jimmy Connors Refused to Go Away." CalvinAyre.com, February 28, 2020. https://calvinayre.com/2020/02/28/sports/i-hate-to-lose-more-than-i-love-to-win-how-jimmy-connors-refused-to-go-away/.

10. Dalakas, V., and Stewart, K. "Earning Extra Credit or Losing Extra Credit? A Classroom Experiment on Framing Incentives as Gains or Losses." *Atlantic Marketing Journal* 9, no. 1 (2020), 44–55.

11. Inman, J. J., Peter, A. C., and Raghubir, P. "Framing the Deal: The Role of Restrictions in Accentuating Deal Value." *Journal of Consumer Research* 24, no. 1 (1997), 68–79. doi:10.1086/209494.

12. Abendroth, L. J., and Diehl, K. "Now or Never: Effects of Limited Purchase Opportunities on Patterns of Regret over Time." *Journal of Consumer Research* 33, no. 3 (2006), 342–351. https://doi-org.lopes.idm.oclc.org/10.1086/508438.

13. Lange, D. "Magic Kingdom Walt Disney World Florida Attendance 2019." *Statista*, November 30, 2020. https://www.statista.com/statistics/232966/attendance-at-the-walt-disney-world-magic-kingdom-theme-park/.

14. Byun, S., and Sternquist, B. "Here Today, Gone Tomorrow: Consumer Reactions to Perceived Limited Availability." *Journal of Marketing Theory and Practice* 20, no. 2 (2012), 223–234. doi:10.2753/MTP1069-6679200207.

第五章 稀缺也会失灵

1. Crouth, G. "Spa Client Manipulated into Bum Deal Irate." *Pretoria News* (South Africa). November 13, 2020.
2. Freeman, L. "The Marketing 100: Beanie Babies: Ty Warner." *Ad Age*, June 30, 1997. https://adage.com/article/news/marketing-100-beanie-babies-ty-warner/71576.
3. Bissonnette, Z. *The Great Beanie Baby Bubble: Mass Delusion and the Dark Side of Cute*. New York: Portfolio/Penguin, 2015.
4. Hunt, E. "What Beanie Babies Taught a Generation About the Horrors of Boom and Bust." *The Guardian*, June 19, 2019. https://www.theguardian.com/lifeandstyle/shortcuts/2019/jun/19/what-beanie-babies-taught-a-generation-about-the-horrors-of-boom-and-bust.
5. "Reported Retirement Sparks Beanie Buzz." *Ad Age*, September 13, 1999. https://adage.com/article/news/reported-retirement-sparks-beanie-buzz/61176.
6. Ibid.
7. Dwyer, J. "Clothing Retailer Says It Will No Longer Destroy Unworn Garments." *New York Times*, January 7, 2010. https://www.nytimes.com/2010/01/07/nyregion/07clothes.html.
8. Mohr, S., Kühl, R. "Exploring Persuasion Knowledge in Food Advertising: An Empirical Analysis." *SN Bus Econ* 1, 107 (2021). https://doi.org/10.1007/s43546-021-00108-y.
9. Haugtvedt, C. P., Herr, P. M., and Kardes, F. R., eds. *Handbook of Consumer Psychology*. New York: Lawrence Erlbaum Associates, 2008.
10. Ibid.
11. Friestad, M., and Wright, P. "The Persuasion Knowledge Model:

How People Cope with Persuasion Attempts." *Journal of Consumer Research* 21, no. 1 (1994), 1. https://doi.org/10.1086/209380.

12. Haugtvedt, Herr, and Kardes, eds. *Handbook of Consumer Psychology*.

13. Reuters Staff. "Global Auto Recovery to Take More Hits from Japan Chip Plant Fire, Severe U.S. Weather: IHS." *Reuters*, March 31, 2021. https://www.reuters.com/article/us-autos-chips/global-auto-recovery-to-take-more-hits-from-japan-chip-plant-fire-severe-u-s-weather-ihs-idUSKBN2BN27E.

14. Alba, J. W., Mela, C. F., Shimp, T. A., and Urbany, J. E."The Effect of Discount Frequency and Depth on Consumer Price Judgments." *Journal of Consumer Research* 26, no. 2 (1999), 99–114.

15. Hardesty, D. M., Bearden, W. O., and Carlson. J. P. "Persuasion Knowledge and Consumer Reactions to Pricing Tactics." *Journal of Retailing* 83, no. 2 (2007), 199–210. doi:10.1016/j.jretai.2006.06.003.

16. Alba, Mela, Shimp, and Urbany. "The Effect of Discount Frequency and Depth on Consumer Price Judgments."

17. Drolet, A., and Yoon, C., eds. *The Aging Consumer: Perspectives from Psychology and Economics*. London: Taylor & Francis Group, 2010. ProQuest Ebook Central.

18. Ziaei, M., and Fischer, H. "Emotion and Aging: The Impact of Emotion on Attention, Memory, and Face Recognition in Late Adulthood." In J. R. Absher and J. Cloutier (eds.). *Neuroimaging Personality, Social Cognition, and Character*. London: Elsevier, 2016, pp. 259–278. https://doi.org/10.1016/b978-0-12-800935-2.00013-0.

19. Phillips, L. W., and Sternthal, B. "Age Differences in Information Processing: A Perspective on the Aged Consumer." *Journal of Marketing*

Research 14, no. 4 (1977), 444–457. doi:10.2307/3151185.

20. Kaur, D., Mustika, M. Dwi, and Sjabadhyni, B. "Affect or Cognition: Which Is More Influencing Older Adult Consumers' Loyalty?" *Heliyon* 4, no. 4 (2018). https://doi.org/10.1016/j.heliyon.2018.e00610.

21. "What Drives Brand Loyalty Today." *Morning Consult*. Accessed August 3, 2021. https://morningconsult.com/form/brand-loyalty-today/.

22. Drolet and Yoon, eds. *The Aging Consumer*.

23. Riggle, E. D., and Johnson, M. M. "Age Difference in Political Decision Making: Strategies for Evaluating Political Candidates." *Political Behavior* 18, no. 1 (1996), 99–118. https://doi.org/10.1007/bf01498661.

24. Drolet and Yoon, eds. *The Aging Consumer*.

25. Fung, H. H., and Carstensen, L. L. "Sending Memorable Messages to the Old: Age Differences in Preferences and Memory for Advertisements." *Journal of Personality and Social Psychology* 85, no. 1 (2003), 163–178.

第六章 "时间不多啦！"

1. McDonald's USA LLC. "Look Who's Back! McDonald's® Shamrock Shake® Returns to Mark the First Green of Spring." *PRNewswire*, February 2, 2021. https://www.prnewswire.com/news-releases/look-whos-back-mcdonalds-shamrock-shake-returns-to-mark-the-first-green-of-spring-301220153.html.

2. Godinho, S., Prada, M., and Garrido, M. V. "Under Pressure: An Integrative Perspective of Time Pressure Impact on Consumer Decision-Making." *Journal of International Consumer Marketing* 28, no. 4 (2016), 251–273. doi:10.1080/08961530.2016.1148654.

3. Aggarwal, P., and Vaidyanathan, R. "Use It or Lose It: Purchase

Acceleration Effects on Time-Limited Promotions." *Journal of Consumer Behaviour* 2, no. 4 (2003), 393–403.

4. Gabler, C. B., and Reynolds, K. E. "Buy Now or Buy Later: The Effects of Scarcity and Discounts on Purchase Decisions." *Journal of Marketing Theory & Practice* 21, no. 4 (2013), 441–456. doi:10.2753/MTP1069-6679210407.

5. Aggarwal and Vaidyanathan."Use It or Lose It."

6. Wu, Y., Xin, L., Li, D., Yu, J., and Guo J. "How Does Scarcity Promotion Lead to Impulse Purchase in the Online Market? A Field Experiment." *Information & Management* 58, no. 1 (2021). doi:10.1016/j.im.2020.103283.

7. Song, M., Choi, S., and Moon, J. "Limited Time or Limited Quantity? The Impact of Other Consumer Existence and Perceived Competition on the Scarcity Messaging—Purchase Intention Relation." *Journal of Hospitality and Tourism Management* 47, no. 3 (June 2021),167–175. doi:10.1016/j.jhtm.2021.03.012.

8. Prime Rib Specials (n.d.). Retrieved March 13, 2021, from https://www.bjsrestaurants.com/prime-rib-specials.

9. Mims, C."The Untold History of Starbucks' Pumpkin Spice Latte." *Quartz*. October 17, 2013. https://qz.com/136781/psl-untold-history-of-starbucks-pumpkin-spice-latte/.

10. Chou, J. "History of the Pumpkin Spice Latte." *The Daily Meal*. October 28, 2013. https://www.thedailymeal.com/news/history-pumpkin-spice-latte/102813.

11. Ibid.

12. Ibid.

13. Lucas, A. "Starbucks Is Introducing Its First New Pumpkin Coffee Beverage Since the Pumpkin Spice Latte." *CNBC*, August 26, 2019. https://www.cnbc.com/2019/08/26/starbucks-is-introducing-its-first-new-pumpkin-beverage-since-the-pumpkin-spice-latte.html.

14. Valinsky, J. "Attention Red Cup Fans! Here's How to Get Your Free Reusable Holiday Cup at Starbucks." *CNN Business*. ABC7 Los Angeles, November 18, 2021. https://abc7.com/starbucks-cups-reusable-cup-holiday/11250222/.

15. "Five-Day Flash Sale with Savings of Up to 60% for Your Staycation on Yas Island." *Adgully*, September 1, 2021.

16. Berezina, K., Semrad, K. J., Stepchenkova, S., and Cobanoglu, C. "The Managerial Flash Sales Dash: Is There Advantage or Disadvantage at the Finish Line?" *International Journal of Hospitality Management* 54 (April 2016),12–24. doi:10.1016/j.ijhm.2016.01.003.

17. Berezina, Semrad, Stepchenkova, and Cobanoglu. "The Managerial Flash Sales Dash."

18. Hobica, G. "Confessions of an Airline Revenue Manager." Fox News, November 15, 2015. https://www.foxnews.com/travel/con-fessions-of-an-airline-revenue-manager.

19. Dhawan, N. "J.Crew Just Launched a Huge Flash Sale with an Extra 60% off Sale Items—but Only for Today." *USA Today*, March 19, 2021. https://www.usatoday.com/story/tech/reviewedcom/2021/03/19/j-crew-sale-get-extra-60-off-sale-clothing-shoes-and-more/4765251001/.

20. Lunden, I."Five Woot Execs Check Out, as Daily Deals Site Feels the Strain Under Owner Amazon." *TechCrunch*. May 12, 2013. https://techcrunch.com/2013/05/12/five-woot-execs-check-out-as-daily-deals-

site-feels-the-strain-under-owner-amazon/.
21. Ibid.
22. Houston, J. "A Psychologist Explains How Trader Joe's Gets You to Spend More Money." *Business Insider*. January 22, 2021. https://www.businessinsider.com/trader-joes-how-gets-you-spend-money-psychologist-2019-1.
23. Gasparro, A. "Coupon-Clipping Fades into History as COVID-19 Accelerates Digital Shift." *Wall Street Journal*, September 1, 2020. https://www.wsj.com/articles/coupon-clipping-fades-into-history-as-covid-19-accelerates-digital-shift-11598702400.
24. "Integrated Print and Digital Promotion: 2020 Trends & Insights." *Kantar*. February 25, 2021. https://cdne.kantar.com/north-america/inspiration/advertising-media/print-and-digital-promotion-trends-2020.
25. Ibid.
26. Johnson, E. "How AI Is Transforming Coupon Marketing Campaigns?" *ClickZ*, January 26, 2021. https://www.clickz.com/how-ai-is-transforming-coupon-marketing-campaigns/264928/.
27. Smith, G. "Coupon Code Stats." *Blippr*, April 4, 2021. https://www.blippr.com/about/coupon-code-stats/.
28. Stuever, H. "TLC's 'Extreme Couponing': Little Piggies Go to Market, and Clean Up on Aisle 5." *Washington Post*, April 5, 2011. https://www.washingtonpost.com/lifestyle/style/tlcs-extreme-couponing-little-piggies-go-to-market-and-clean-up-on-aisle-5/2011/04/04/AFqJp9kC_story.html.
29. "Coupons.Com and Claremont Graduate University Study Reveals Coupons Make You Happier and More Relaxed." *Business Wire*, November 19, 2012. https://www.businesswire.com/news/home/20121119

005572/en/Coupons.com-and-Claremont-Graduate-University-Study-Reveals-Coupons-Make-You-Happier-and-More-Relaxed.
30. Ibid.
31. Inman, J. J., Peter, A. C., and Raghubir, P. "Framing the Deal: The Role of Restrictions in Accentuating Deal Value." *Journal of Consumer Research* 24, no. 1 (1997), 68–79. doi:10.1086/209494.
32. Krishna, A., and Zhang, Z. J. "Short-or Long-Duration Coupons: The Effect of the Expiration Date on the Profitability of Coupon Promotions." *Management Science* 45, no. 8 (1999), 1041–1056.
33. Inman, Peter, and Raghubir. "Framing the Deal."
34. Sinha, I., Chandran, R., and Srinivasan, S. S. "Consumer Evaluations of Price and Promotional Restrictions—a Public Policy Perspective." *Journal of Public Policy & Marketing* 18, no. 1 (1999), 37–51. https://doi.org/10.1177/074391569901800106.
35. Hanna, R., Swain, S., and Berger, P. "Optimizing Time-Limited Price Promotions." *Journal of Marketing Analytics* 4, no. 2 (2016), 77–92. doi:10.1057/s41270-016-0006-y.
36. Rodriguez, A. "Getting to Know You: J.C. Penney, Kohl's Go for Personalization." *Advertising Age*, May 18, 2015.
37. "Disruptions in Retail Through Digital Transformation: Reimagining the Store of the Future." Deloitte, November 2017.
38. "About Us." Dunkin'. Accessed September 11, 2021. https://www.dunkindonuts.com/en/about/about-us.
39. Gasparro, A. "Coupon-Clipping Fades into History as COVID-19 Accelerates Digital Shift." *Wall Street Journal*, September 1, 2020. https://www.wsj.com/articles/coupon-clipping-fades-into-history-as-

covid-19-accelerates-digital-shift-11598702400.

40. Johnson. "How AI Is Transforming Coupon Marketing Campaigns?"

41. "TrueShip Announces Limited-Time Sale: 50% Off First Month of ReadyShipper Shipping Software for New Users with Coupon Code RS-SAVE-50." *Marketwire Canada*, July 15, 2015.

42. "Nissan: Victoria Dealership Service Center Provides Select Maintenance Coupons for a Limited Time." *Contify Automotive News*, July 16, 2020. Gale General OneFile.

43. "BlueHost Coupon—Just $3.95 per Month, a Limited Time Offer." *PRWeb Newswire*, June 9, 2012. Gale General OneFile.

44. "Dell Back-to-School Coupon: Save $150 on XPS, Alienware, Inspiron," *ICT Monitor Worldwide*, July 22, 2017.

45. Email received from Joann.com on September 11, 2021.

46. Jcrew.com, September 10, 2021.

第七章　你与别人不一样

1. Rosenberg, E. "'The Shed at Dulwich' Was London's Top-Rated Restaurant. Just One Problem: It Didn't Exist." *Washington Post*, March 28, 2019. https://www.washingtonpost.com/news/food/wp/2017/12/08/it-was-londons-top-rated-restaurant-just-one-problem-it-didnt-exist/.

2. Butler, O. "I Made My Shed the Top-Rated Restaurant on TripAdvisor." *VICE*, December 6, 2017. https://www.vice.com/en/article/434gqw/i-made-my-shed-the-top-rated-restaurant-on-tripadvisor.

3. Haugtvedt, C. P., Herr, P. M., and Kardes, F. R., eds. *Handbook of Consumer Psychology*. New York: Lawrence Erlbaum Associates, 2008.

4. Butts, R. "Social Comparison Theory." *Salem Press Encyclopedia*, 2020.

5. Ibid.
6. Ibid.
7. Yarrow, K. *Decoding the New Consumer Mind: How and Why We Shop and Buy*. San Francisco: Jossey-Bass, 2014.
8. Haugtvedt, Herr, and Kardes, eds. *Handbook of Consumer Psychology*.
9. Sevilla, J., and Redden, J. P."Limited Availability Reduces the Rate of Satiation." *Journal of Marketing Research* 51, no. 2 (2014), 205–217.
10. Amaldoss, W., and Jain, S. "Pricing of Conspicuous Goods: A Competitive Analysis of Social Effects." *Journal of Marketing Research* 42, no. 1 (2005), 30–42. https://journals.sagepub.com/doi/10.1509/jmkr.42.1.30.5 6883.
11. Roof, K."Clubhouse Discusses Funding at About $4 Billion Value." Bloomberg.com. April 6, 2021. https://www.bloomberg.com/news/articles/2021-04-06/clubhouse-is-said-to-discuss-funding-at-about-4-billion-value.
12. Amaldoss and Jain."Pricing of Conspicuous Goods."
13. "Scents and Sensibility." *Marketing Week*, July 3, 1997. https://www.marketingweek.com/scents-and-sensibility/.
14. Kodali, Sucharita. "Digital Go-to-Market Review: Home Goods Brands, 2020," *Forrester Report*, October 1, 2020. https://www.forrester.com/report/Digital-GoToMarket-Review-Home-Goods-Brands-2020/RES16 1596.
15. Sularia, S."Council Post: Combating Gray-Market Activities and Protecting Your Brand (Part II): Seven Best Practices." *Forbes*, April 9, 2021. https://www.forbes.com/sites/forbestechcouncil/2021/04/09/combating-gray-market-activities-and-protecting-your-brand-part-ii-

seven-best-practices/.
16. Aftab, M. A., Yuanjian, Q., Kabir, N., and Barua, Z. "Super Responsive Supply Chain: The Case of Spanish Fast Fashion Retailer Inditex-Zara." *International Journal of Business and Management* 13, no. 5 (2018), 212. https://doi.org/10.5539/ijbm.v13n5p212.
17. Byun, S., and Sternquist, B. "Here Today, Gone Tomorrow: Consumer Reactions to Perceived Limited Availability." *Journal of Marketing Theory and Practice* 20, no. 2 (2012), 223–234. doi:10.2753/MTP1069-6679200207.
18. Ton, Z., Corsi, E., and Dessain, V. "ZARA: Managing Stores for Fast Fashion." Case Study. Harvard Business School, November 23, 2009.
19. Byun and Sternquist. "Here Today, Gone Tomorrow."
20. "About OdySea Aquarium." OdySea Aquarium. Accessed August 21, 2021. https://www.odyseaaquarium.com/about/.
21. "OdySea Aquarium in Scottsdale, AZ—the Southwest's Largest Aquarium." OdySea Aquarium. Accessed August 21, 2021. https://www.odyseaaquarium.com/.
22. Richards, K. "M&M's Made a Magical, Interactive Pop-Up Where Fans Vote for a New Crunchy Chocolate Flavor." *Adweek*, April 20, 2018. https://www.adweek.com/brand-marketing/mms-made-a-magical-interactive-pop-up-where-fans-vote-for-a-new-crunchy-chocolate-flavor/.
23. Becker, B. "14 Examples of Experiential Marketing Campaigns That'll Give You Serious Event Envy." *HubSpot Blog*, August 16, 2021. https://blog.hubspot.com/marketing/best-experiential-mar-keting-campaigns.
24. Mars, Incorporated. "M&M's® Announces Crunchy Mint as Winning Flavor in the 2018 'Flavor Vote' Campaign." *PR Newswire*, August 1,

2018. https://www.prnewswire.com/news-releases/mms-announces-crunchy-mint-as-winning-flavor-in-the-2018-flavor-vote-campaign-300689947.html.
25. Fombelle, P. W., Sirianni, N. J., Goldstein, N. J., and Cialdini, R. B. "Let Them All Eat Cake: Providing VIP Services Without the Cost of Exclusion for Non-VIP Customers." *Journal of Business Research* 68, no. 9 (2015), 1987–1996. doi:10.1016/j.jbusres.2015.01.018.
26. Ibid.

第八章 "数量有限，售完即止！"

1. Gralnick, J. "$175,000 Mattress Sold as 'Investment' in Good Sleep." *CNBC*, March 19, 2013. https://www.cnbc.com/id/100563624.
2. Adams, W. Lee. "The Royal Bed: Is a Good Night's Sleep Worth $175,000?" *Time*, March 21, 2013. https://style.time.com/2013/03/21/the-royal-bed-is-a-good-nights-sleep-worth-175000/.
3. Bowerman, Mary. "People Are Freaking Out over Starbucks Unicorn Frappuccino." *USA Today*, April 18, 2017. https://www.usatoday.com/story/money/nation-now/2017/04/18/people-freaking-out-over-starbucks-unicorn-frappuccino/100592430/.
4. Koltun, N. "Mobile Campaign of the Year: Starbucks Unicorn Frappuccino." *Marketing Dive*, December 4, 2017. https://www.marketingdive.com/news/mobile-campaign-of-the-year-starbucks-unicorn-frappuccino/510799/.
5. Dimon, J. "Starbucks: The Unicorn in the Report." *Seeking Alpha*. May 5, 2017. https://seekingalpha.com/article/4069794-starbucks-unicorn-in-report.

6. "Korbel Releases Limited-Edition Valentine's Day Bottle." *Beverage Industry*, October 28, 2015. https://www.bevindustry.com/articles/88205-korbel-releases-limited-edition-valentines-day-bottle.
7. "History." Panerai. Accessed August 31, 2021. https://www.panerai.com/us/en/about-panerai/history.html.
8. Yarrow, K. *Decoding the New Consumer Mind: How and Why We Shop and Buy*. San Francisco: Jossey-Bass, 2014.
9. "History." Panerai.
10. Yarrow. *Decoding the New Consumer Mind*.
11. Ibid.
12. Ibid.
13. Greene, L. "The Paneristi: The Benefits of Engaging with Your Cult Followers." *Financial Times*, September 10, 2010. https://www.ft.com/content/5715a3d0-bba5-11df-89b6-00144feab49a.
14. "Self-Expression." *Merriam-Webster*. Accessed August 31, 2021. https://www.merriam-webster.com/dictionary/self-expression.
15. Chae, H., Kim, S., Lee, J., and Park, K. "Impact of Product Characteristics of Limited Edition Shoes on Perceived Value, Brand Trust, and Purchase Intention; Focused on the Scarcity Message Frequency." *Journal of Business Research* 120 (November 2020), 398–406. doi:10.1016/j.jbusres.2019.11.040.
16. The quote was obtained from the website Goodreads. Accessed September 2, 2021. https://www.goodreads.com/quotes/187115-why-fit-in-when-you-were-born-to-stand-out. (*Note:* There is speculation if Dr. Seuss ever used these exact words.)
17. Chae, Kim, Lee, and Park. "Impact of Product Characteristics of Limited

Edition Shoes on Perceived Value, Brand Trust, and Purchase Intention."

18. Gierl, H., and Huettl, V. "Are Scarce Products Always More Attractive? The Interaction of Different Types of Scarcity Signals with Products' Suitability for Conspicuous Consumption." *International Journal of Research in Marketing* 27, no. 3 (2010), 225–235. doi:10.1016/j.ijresmar. 2010.02.002.

19. Veblen, T. *The Theory of the Leisure Class.* Project Gutenberg, March 1, 1997. https://www.gutenberg.org/ebooks/833.

20. "Leisure Class." Encyclopedia.com, June 8, 2008. https://www. encyclopedia.com/social-sciences-and-law/sociology-and-social-reform/ sociology-general-terms-and-concepts/leisure-class.

21. Gierl and Huettl."Are Scarce Products Always More Attractive?"

22. Bagwell, L. S., and Bernheim, B. D."Veblen Effects in a Theory of Conspicuous Consumption." *American Economic Review* 86, no. 3 (1996), 349–373.

23. Wu, L., and Lee, C. "Limited Edition for Me and Best Seller for You: The Impact of Scarcity Versus Popularity Cues on Self Versus Other-Purchase Behavior." *Journal of Retailing* 92, no. 4 (2016), 486–499. doi:10.1016/j.jretai.2016.08.001.

24. Bagwell and Bernheim. "Veblen Effects in a Theory of Conspicuous Consumption."

25. Dörnyei, K. R. "Limited Edition Packaging: Objectives, Implementations and Related Marketing Mix Decisions of a Scarcity Product Tactic." *Journal of Consumer Marketing* 37, no. 6 (2020), 617–627.

26. Stein, J. "Chaos Day Is Coming." *Paste Magazine*, January 11, 2017. https://www.pastemagazine.com/drink/the-ram-/chaos-day-is-coming/.

27. "Would You Drive 1,200 Miles to Get Your Hands on This Beer? There's Nothing like Scarcity—Real or Perceived—to Boost Demand, Which Is Why the Hottest Thing at Craft Breweries Today Is Limited-Edition Beers." *Crain's Chicago Business*, February 10, 2017.
28. Bromwich, J. E. "We Asked: Why Does Oreo Keep Releasing New Flavors?" *New York Times*, December 16, 2020. https://www.nytimes.com/2020/12/16/style/oreo-flavors.html.
29. Ibid.
30. Struble, C."Captain Marvel Inspired Recipes: Powering the Hero Within Everyone." *FoodSided*, March 1, 2019. https://foodsided.com/2019/03/01/captain-marvel-inspired-recipes-powering-hero-within-everyone/.

第九章　专属路线还是大众化路线？

1. Kristofferson, K., McFerran, B., Morales, A. C., and Dahl, D.W. "The Dark Side of Scarcity Promotions: How Exposure to Limited-Quantity Promotions Can Induce Aggression." *Journal of Consumer Research* 43, no. 5 (2017), 683–706. https://doi.org/10.1093/jcr/ucw056.
2. Cialdini, R. B., and Rhoads, K. V. L. "Human Behavior and the Marketplace." *Marketing Research* 13, no. 3 (2001), 8–13.
3. Lee, S. M., Ryu, G., and Chun, S."Perceived Control and Scarcity Appeals." *Social Behavior and Personality* 46, no. 3 (2018), 361–374. https://doi.org/10.2224/sbp.6367.
4. Roy, R. "The Effects of Envy on Scarcity Appeals in Advertising: Moderating Role of Product Involvement." *Advances in Consumer Research* 44, no. 756 (2016).

5. Aguirre-Rodriguez, A. "The Effect of Consumer Persuasion Knowledge on Scarcity Appeal Persuasiveness." *Journal of Advertising* 42, no. 4 (2013), 371–379. https://doi.org/10.1080/00913367.2013.803186.
6. Lee, S. Y., and Jung, S. "Shelf-Based Scarcity and Consumers' Product Choice: The Role of Scarcity Disconfirmation." *Social Behavior and Personality* 47, no. 5 (2019), 1–10. https://doi.org/10.2224/sbp.7957.
7. van Herpen, E., Pieters, F. G. M., and Zeelenberg, M. "How Product Scarcity Impacts on Choice: Snob and Bandwagon Effects." *Advances in Consumer Research* 32 (2005), 623–624.
8. Lee and Jung. "Shelf-Based Scarcity and Consumers' Product Choice."
9. Niesiobędzka, M. "An Experimental Study of the Bandwagon Effect in Conspicuous Consumption." *Current Issues in Personality Psychology* 6, no. 1 (2018), 26–33. https://doi.org/10.5114/cipp.2017.67896.
10. Lee and Jung. "Shelf-Based Scarcity and Consumers' Product Choice."
11. Thrane, C., and Haugom, E. "Peer Effects on Restaurant Tipping in Norway: An Experimental Approach." *Journal of Economic Behavior & Organization* 176 (August 2020), 244–252. doi:10.1016/j.jebo.2020.04.010.
12. Cai, H., Chen, Y., and Fang, H. "Observational Learning: Evidence from a Randomized Natural Field Experiment." *American Economic Review* 99, no. 3 (2009).
13. Smith, G. "QVC's Plan to Survive Amazon Might Actually Be Working." *Bloomberg*, February 6, 2018. https://www.bloomberg.com/news/features/2018-02-06/qvc-s-plan-to-survive-amazon-and-escape-the-cable-tv-death-spiral.
14. Ibid.

15. Gierl, H., Plantsch, M., and Schweidler, J. "Scarcity Effects on Sales Volume in Retail." *International Review of Retail, Distribution & Consumer Research* 18, no. 1 (2008), 45–61. https://psycnet.apa.org/record/2008-01217-003.
16. Cremer, S., and Loebbecke, C. "Selling Goods on E-Commerce Platforms: The Impact of Scarcity Messages." *Electronic Commerce Research and Applications* 47 (2021), 101039. https://doi.org/10.1016/j.elerap.2021.101039.
17. Cialdini, R. B. *Influence, New and Expanded: The Psychology of Persuasion*. New York: HarperCollins Publishers, 2021.
18. Daspin, E. "The T-Shirt You Can't Get." *Wall Street Journal*, October 10, 2003. https://www.wsj.com/articles/SB10657460791372700.
19. LeVick, K. "Behind the Label: Robinhood." *TheStreet*, August 6, 2021. https://www.thestreet.com/investing/behind-label-robinhood.

第十章 接下来从哪儿做起？

1. Stump, S. "Oscar Mayer Comes Out with Bologna-Inspired Sheet Masks." TODAY.com, January 19, 2022. https://www.today.com/food/trends/oscar-mayer-comes-bologna-inspired-skincare-masks-rcna12728.
2. Tyko, K. "Oscar Mayer Sells Out of Bologna-Inspired Face Masks on Amazon, Plans to Restock." *USA Today*, January 19, 2022. https://www.usatoday.com/story/money/shopping/2022/01/19/oscar-mayer-bologna-masks-amazon/6563703001/.